Minhas Amigas

Joaquim Ferreira dos Santos

Minhas Amigas

Copyright © 2012 by Joaquim Ferreira dos Santos

Todos os direitos desta edição reservados à
EDITORA OBJETIVA LTDA.
Rua Cosme Velho, 103
Rio de Janeiro – RJ – CEP: 22241-090
Tel.: (21) 2199-7824 – Fax: (21) 2199-7825
www.objetiva.com.br

Capa e projeto gráfico
Marcelo Martinez | Laboratório Secreto

Imagem de capa e ilustrações
Mariana Massarani

Revisão
Taís Monteiro
Tamara Sender
Lilia Zanetti

Editoração Eletrônica
Abreu's System Ltda.

CIP-BRASIL. CATALOGAÇÃO-NA-FONTE
SINDICATO NACIONAL DOS EDITORES DE LIVROS, RJ

S235m
    Santos, Joaquim Ferreira dos
        Minhas amigas / Joaquim Ferreira dos Santos. - Rio de Janeiro:
    Objetiva, 2012.
        207p. : il.

        ISBN 978-85-390-0342-6

       1. Crônica brasileira. I. Título.

12-1508.
                                      CDD: 869.98
                                      CDU: 821.134.3(81)-8

Para Lilian

I.

EU TENHO UMA AMIGA que viaja muito e incluiu uma nova mala, além das de roupa e sapatos, ao batalhão de couro que a acompanha por todos os aeroportos do mundo. Ela não viaja mais sem sua nécessaire com brinquedos eróticos. Alta executiva de uma empresa de cartão de crédito, parte para as cidades absolutamente focada nos negócios a serem decididos e tem sempre a expectativa de que nas horas vagas surja alguma aventura amorosa que a faça prescindir dos vibradores — mas prefere não arriscar. Leva a turma de *rabbits* e afins com ela. Em cada parada compra uma novidade do tipo e alardeia as maravilhas entre as amigas. O problema é o suspense ao passar pelas alfândegas com seu arsenal, correndo o risco de ter a mala aberta para alguma vistoria. Se acontecer, tem uma excelente expressão bege e um porte de princesa para enfrentar constrangimentos. Até hoje, o único problema foi num voo para Nova York. O balanço da mala acionou o mecanismo de um vibrador e, na fila para o check-in, ele começou a se agitar com aquele barulho característico. Algumas mulheres perceberam e deram um risinho de solidariedade. Minha amiga, com o ar brincalhão de quem procurava um coelho inconveniente que se jogara ali, abriu o zíper da mala, tateou em busca do malandro e *click*. Abafou a ereção.

2.

Eu tenho uma amiga que foi subitamente convidada por um colega de trabalho, com quem flertava há algum tempo, para ir até sua casa jantar. Ela disse um "sim" discreto, mas estava eufórica. Era o melhor partido da repartição. Naquela noite houve o jantar, houve uma conversa muito interessante e houve também uma garrafa de vinho, ingredientes que se harmonizavam tão bem que ela aquiesceu com um novo "sim" quando o rapaz a beijou. Quando os beijos foram ficando insuficientes e os novos contatos físicos se tornaram inevitáveis, minha amiga lembrou que a depilação não estava em dia. Esperava que o encontro fosse uma aproximação para algo mais íntimo em outra noite e não se preparou. Viu-se como "uma macaca" — mas não queria perder a oportunidade. O rapaz pediu luz plena para o show, ela negociou uma iluminação feita apenas por um abajur ao lado da cama. Ainda assim, medrosa de que ele a visse por depilar, arrumou um jeito de jogar a calcinha em cima do abajur, o que diminuiu ainda mais o campo de visão dele. Estava indo tudo muito bem, ela mais à vontade com a semiescuridão, quando o quarto foi tomado por um cheiro insuportável de algo queimando. Era a calcinha. Ela se desfazia em cima da lâmpada, provocando uma fumaça de filme de terror, e começava a pingar no lençol da cama, que logo estava pegando fogo. Minha amiga saiu correndo do quarto, deixando ao pobre herói a tarefa de bombeiro. Colocou imediatamente o vestido. Carregou porta afora, depois de beijinhos de desculpas no rapaz, a certeza de que uma depilação atrasada pode não ser o pior dos quadros.

3.

EU TENHO UMA AMIGA que voltou ao mercado da paquera depois de um longo casamento e recebe com muita atenção os conselhos sabichões da filha adolescente, que está nele há vários anos, atualizadíssima. Ao anunciar, depois de sair uma única vez com um rapaz, que estava namorando, levou uma bronca da adolescente. Segundo esta, seriam necessárias várias saídas para saber se era mesmo um namoro ou outro tipo de relacionamento. A filha disse que tinha sido vítima de idêntica precipitação e desaconselhou a mãe a oficializar o pretendente com o rótulo de namorado. Minha amiga lembrou-se da própria mãe, casada por toda a vida com o mesmo homem, e que cairia para trás com aquele diálogo. Achou bom, por mais açodada que a filha adolescente estivesse em considerá--la despreparada para as novas relações, discutir a vida real, sem as proibições e os falsos pudores d'antanho. Perguntou o que deveria fazer. Avisou que os tempos estavam difíceis e não queria perder o pretendente, um homem maduro, com perfil de vida parecido com o dela, bonito e extremamente gentil no trato. A filha não teve dúvidas em irradiar a sua sabedoria. Aconselhou, suavemente sabichã: "Vai ficando, mãe, vai ficando, e depois você vê."

4.

EU TENHO UMA AMIGA que conseguiu finalmente realizar o sonho de conquistar um atleta negro, um deus olímpico que paquerava fazia tempo e com quem fantasiava todas as noites. Um amigo rico emprestou uma mansão de frente para o mar de Búzios, e lá foi o casal para um fim de semana com a pauta de um item só, muito sexo. Ela não classificaria o evento de um fracasso, mas esperava mais. O atleta era tudo o que pensava em termos de beleza e virilidade, e isso talvez o tenha prejudicado. Descuidou do resto, das palavras e dos carinhos sem ter fim. No último dia, depois de se contemplar em todos os perfis, o negro de dimensões olímpicas pediu o batom. Escreveu no espelho um "valeu, cara", agradecido a quem proporcionou tudo aquilo. O resultado da homenagem, como a rodada de sexo, não foi tudo que deveria ser. O dono da casa telefonou na segunda-feira seguinte para a minha amiga. Estava fulo. Já havia passado álcool e sabão. O batom não desgrudava do espelho de cristal.

5.

EU TENHO UMA AMIGA que uma noite recebeu um telefonema preocupado do filho, estudante de gastronomia estagiando num restaurante de comida contemporânea em Paris. Ela jantava com um grupo de mulheres num japonês do Rio e foi retransmitindo à mesa o drama do rapaz, que precisava, urgente, do amparo da sabedoria feminina. Estava sendo assediado pela chef. Ela já o beijara no cangote e dera a entender que logo mais, depois de fechar o restaurante, dispensaria a equipe e precisaria conversar seriamente com ele. Era uma mulher até bonita, mas ele acreditava na sabedoria do ditado "onde se ganha o pão não se come a carne" — e não queria misturar as coisas naquela cozinha que levava tão a sério. Todas as mulheres recomendaram que o estudante deixasse de bobagem. Fosse com todos os molhos especiais que tivesse à mão para cima do fogão da chef. Subitamente machistas, elas fizeram dezenas de frases de duplo sentido. Que ele a cozinhasse em fogo alto, salpicasse alho e, claro, caprichasse na linguiça — mas não deixasse de fazer o serviço. O rapaz, morto de medo de que a chef quisesse em seguida engatar uma história romântica, cumpriu as ordens das amigas de sua mãe. De vez em quando, ele e a chef ainda se encontram depois do expediente. Bem-resolvidos e sem compromissos, em seguida cada um vai para a sua casa. Minha amiga, que de início tinha dúvidas sobre como o filho deveria agir, ri aliviada e feliz, embora um tanto perplexa. Acha que a cozinha anda contemporânea demais para o seu gosto.

6.

EU TENHO UMA AMIGA que sempre teve como sonho conhecer o charmoso jornalista entendido em vinhos e um dia, Deus é pai!, lá estava diante dele, numa reunião em que os demais presentes eram todos homens acompanhados apenas de boas garrafas. Ela começou a desconfiar de que sairia frustrada do evento quando um dos anfitriões apresentou seu vinho preferido para a análise do jornalista charmoso. Este rodou a taça, cheirou, bochechou, sentiu o buquê, procurou ressonâncias de flores azuis da Califórnia — e cuspiu o vinho com um esgar de tédio. Não satisfeito, entornou num balde a garrafa do anfitrião. Disse que era um bem que lhe fazia. O vinho estaria horrível. Minha amiga, que havia provado e gostado muito, perguntou ao charmoso enólogo da imprensa por que as mulheres não participavam daquele clube. "Elas são vagas, não guardam safras, não cultuam o paladar nem a memória", respondeu, como se, depois do vinho, o homem agora cuspisse as palavras. A ilusão com o charme estava estragada diante da má educação do galã. Minha amiga resolveu encerrar de vez a noite e fez a grossa: "No lugar de Valpolicella, nós, mulheres, temos que guardar o Walita, o Vaporetto e o que fazer das varizes."

7.

EU TENHO UMA AMIGA formada nos mais repressivos colégios religiosos dos anos 1950, daqueles em que as meninas tomavam banho de camisola para não terem contato com o próprio corpo e também não assistirem ao desnudamento pagão das carnes alheias. O pecado não morava ao lado, mas dentro de cada uma. Os filmes exibidos nas datas especiais tinham a imagem do beijo, no happy end, interrompida pela madre superiora, que, para esconder a felicidade do casal em chegar junto à última cena, punha a mão na frente da lente. Minha amiga casou no final dos anos 1960, virgem como o namorado, um cineasta torturado pelos militares na prisão. Nunca se livrou das lições da madre superiora de que sexo era perversão do demo. Nos anos 1970, as mulheres avançando em seus primeiros movimentos de liberdade, ela tentou se ajustar aos tempos e viajou sozinha para Nova York, aonde chegou já em crise de alvoroço, pois no avião tinha transado com o cara da poltrona ao lado. Nunca mais se recuperou. A culpa atravessou todos os seus atos futuros, da mesma maneira que a mão da madre interrompendo a fluência da vida no passado. O resto é uma história triste de internações, suicídios fracassados e choro súbito nos momentos mais despropositados.

8.

EU TENHO UMA AMIGA que um dia descobriu ser a bancada de cosméticos do marido bem maior que a sua, e olha que a dela, típica de alguém que trabalha no mundo da moda, não era pequena. Tentou achar normal, entender positivamente como mais uma nuance do moderno metrossexualismo que, graças a Deus, retirava os últimos homens das cavernas machas onde escondiam afetos e fragilidades. Queriam ficar mais bonitos, qual o problema? Ela foi tratar da vida, das viagens ao redor das *fashion weeks*. A pulga do dito popular lhe dizia coisas atrás da orelha. Pedia que abrisse o olho, desse uma incerta nos bolsos dele. Minha amiga preferiu não, desprezou o grito de alerta dos cremes esfoliantes. O amor é cego, mas pulgas veem longe. Não deu outra. Ele já saiu de casa, sem briga, deixando apenas um grande espanto no coração dela. Levou as roupas e a bancada de cosméticos. Claro, gay.

9.

EU TENHO UMA AMIGA que começa a chorar no meio de qualquer discussão e deixa desarmado o homem do outro lado do ringue. Imediatamente, ele dá por encerrada a contenda e, consternado com as lágrimas que provocou, sentindo-se o último dos bárbaros, pede desculpas. Uma mulher que chora é invencível, e a minha amiga, não sei se por truque, não sei se por índole da espécie, ganha todas. Homens carregam um soco-inglês para enfrentar qualquer contrariedade na selva urbana. Ela carrega sempre uma caixa extra de lenço de papel. Dá mais dramaticidade à cena.

10.

Eu tenho uma amiga, tão cansada estava dessas coisas urbanas, IPTUs e condomínios, que um dia largou tudo com um brado de "melhor não". Hoje ela é uma espécie de subprefeita do Alto Paraíso. Faz massagem e a terapia do grito primal. Em vez da caixa aveludada que os adeptos usavam nos anos 1970, ela convida seus pacientes a se embrenharem na mata amazônica e gritarem seus pavores, na certeza de que tanto a caixa como a floresta significam a volta ao útero materno. Tem dado certo, muitos clientes felizes. De vez em quando, com suas roupas nem aí para as últimas notícias, minha amiga recebe a visita das antigas patricinhas que a acompanhavam nas festas do Monte Líbano nos anos 1980 — e tanto ela ri da cara das outras, sempre em lamentos sobre os homens que não se encaixam, como essas outras riem da cara dela, sempre maldizendo mosquitos e picadas.

II.

EU TENHO UMA AMIGA que foi abandonada quatro vezes pelo mesmo namorado e numa delas, depois de ver o indigitado com outra numa estação do metrô, chegou a dar um passo sobre a faixa amarela para encerrar a história com o corpo estraçalhado. O tempo continuou e ela, "louca de pedra", diziam as colegas do escritório, resolveu dar uma quinta e radical oportunidade ao infeliz, desta vez casando-se com o próprio. Disse "o que passou, passou", esqueceu inclusive aquele dia em que uma das amantes deixou o celular ligado para ela ouvir, ao vivo, como o cidadão se comportava em outros braços, em outros estímulos e outra cama. Os amigos desaconselharam o casamento. Foram unânimes em repetir a história do escorpião que, para atravessar o rio pede carona ao sapo, jura que não lhe picará as costas, mas é o que acaba acontecendo. Escorpiões mordem, traidores traem. É da índole das espécies. Minha amiga, contrariando o que estava nas previsões das ciganas que se anunciam nos postes, continua casada com o homem que no passado a chifrou de todas as maneiras. Está feliz. Não esquece, porém, a história do escorpião e a maldição do caráter que a espécie carrega no ferrão, sempre indócil em beliscar quem quer que seja. De vez em quando, como quem não quer nada, a pretexto de botar a roupa para lavar, dá um confere nos bolsos do marido. Nada a reclamar, nenhum sinal de alerta nos radares que, por uma questão de sobrevivência na selva dos corações, ela mantém ligados.

12.

Eu tenho uma amiga que um dia enviou um e-mail para o seu escritor favorito, encantada com a capacidade dele em psicografar coisas que, supunha, iam com exclusividade na alma dela. Minha amiga, psicanalista com consultório no Leblon, nunca tinha visto o sujeito, nunca tinha feito nada parecido na vida, mas já na primeira linha do e-mail o convidou para um jantar à luz de velas num restaurante de Santa Teresa. O escritor aceitou. Riram da situação. Ela disse que era engraçado querer conhecer alguém por gostar da maneira como ordenava uma palavra atrás da outra, o que equivaleria a querer conhecer naquela noite o sujeito que criou o pato de carne tão deliciosa que haviam comido. Mas, fez-se fofa, não resistira à curiosidade. Desceram a ladeira de Santa Teresa caminhando através da Lapa, onde tomaram um chope e conseguiram finalmente se lembrar de um verso escorregadio de *Happiness is a warm gun*, dos Beatles, que vieram cantando no caminho. Ficaram de se ver no fim de semana seguinte, mas ela teve uma gripe, no outro foi ele que teve. Nunca mais. Minha amiga acha que um dia o escritor vai relatar a noite em algum livro. Era tudo que queria lhe dar, uma cena, e sabe que os bons autores valorizam isso.

13.

EU TENHO UMA AMIGA que acabara de dar uma palestra em Tóquio sobre placas tectônicas ou algo geologicamente assim e, quando voltou para seu apartamento no Humaitá, carregando o certificado de intelectual em japonês, foi tomada de amores pelo novo porteiro nordestino. Casaram-se. Não sei se foram felizes para sempre. Diante da resistência preconceituosa dos amigos, que cobravam a impossibilidade de um terreno árido dar vida a tão exuberante plantação de maçãs, a minha amiga, doutora nessas placas que se mexem no fundo do mar e numa semana desestabilizam o Chile, em outra, o Japão, fugiu para o interior de Minas. Julgava ser o solo mais firme para administrar as oscilações do amor. Nunca mais a vi. A geologia do coração para mim é japonês puro.

14.

EU TENHO UMA AMIGA que me apresentou a fotografia erótica do Araki, o romance policial de Murakami e o cinema de Éric Rohmer. Ela é um monumento de sofisticação, sempre dentro de roupas da Maria Bonita — com a exceção das segundas- -feiras, quando se veste de branco e incorpora entidades num centro espírita de Santa Teresa. Ninguém na redação do site em que trabalha sabe que aquela mulher de quase dois metros, cabelos louros desconstruídos à navalha por 300 reais, é cavalo na umbanda. Bebe cachaça, fuma charuto. Paga em corrupios suas obrigações com os santos. Numa segunda-feira de 2006, em transe, me deu um passe. Me chamou de Francisco. Disse que eu preciso desenvolver o espírito.

15.

EU TENHO UMA AMIGA que só dá sorte com os não príncipes, diz que são os mais divertidos da espécie. Eles aprontam, para o bem e para o mal. Aos poucos, no entanto, procura seduzi-los para uma rotina de amor doméstico. O último é um cineasta viciado em clubes de swing, que encontrou na minha amiga uma parceira disposta aos folguedos dos casais prontos a muito sexo e nenhum compromisso. Fizeram duas vezes todo o roteiro das casas especializadas em São Paulo. Ele queria repetir pela terceira vez o tour, mas, depois de ter se divertido com a variedade de parceiros, minha amiga cansou. Quer ir ao cinema, frequentar restaurantes, sair com casais normais que não lhe apertem a bunda. Quer romance numa pousada em Lumiar. Diante da proposta, o cineasta saiu de cena. Semana passada, reapareceu com o mesmo filme, convidando para um replay final das casas de swing. Minha amiga não topou. Ele acanalhou: "Ok, mas eu tenho um sentimento que nós ainda vamos nos casar." Ela, em êxtase pela promessa de um amor tranquilo, acabou de me ligar. Sublinhava a frase sobre o casamento e perguntava: "Será?"

16.

EU TENHO UMA AMIGA que casou apaixonada com o homem da sua vida, um craque das artes plásticas, e ele assumiu com naturalidade o trono de astro do casal, pois toda semana estava coberto de elogios nas colunas especializadas. Um gênio inquieto. O tempo passou com seus mistérios e cambalhotas pela porta dos dois. Ela virou uma estrela da gastronomia, e ele — vai entender? — definhou. Trancou-se em casa, raras exposições, muito pijama e sofá. Aos 12 anos de casamento, ela deu um apartamento para o marido, cada vez mais pacato e desinteressante. Com esse gesto, encerrou magnânima as atividades do casal e foi à luta por um novo amor. Não esperava que, cinco meses depois, ele, um novo homem como nos velhos tempos, usasse da criatividade sedutória para colocar dentro do imóvel outra mulher, bem mais jovem, linda, que, a propósito, está grávida. Minha amiga, ferida em brios, dizendo-se vítima da pérfida encenação, traição soez e demais adjetivos que só surgem nessas horas, meteu-se numa intrincada questão jurídica. Não quer o amor de volta em três dias. Mas que o juiz cancele a doação do apartamento.

17.

EU TENHO UMA AMIGA que um dia recebeu a visita de um arquiteto envolvido num projeto de "casa verde", com desenhos voltados para o aproveitamento da energia solar e o ecologicamente correto. Tudo em total consonância com as últimas notícias do meio ambiente, mas ela ficou acima de tudo impressionada com a beleza do arquiteto. Era um representante bem-vestido, perfumado e de bons modos, atualizado enfim, do tradicional *latin lover* do cinema. Todos os músculos no lugar, cabelos penteados, mais gestos de virilidade contemporânea, de quem lia a *GQ*. Minha amiga era excelente profissional, jornalista ligada nas pautas. Ficou maravilhada com o homem à frente e rateou várias vezes na entrevista. Botou tudo definitivamente abaixo quando informou ao rapaz que precisava tirar cópias das plantas trazidas por ele. "Dá licença que eu vou ali na sala da produção xerecar", disse — e a ficha não caiu. Quando ela estava saindo, já de costas, e o rapaz, com um sorriso irresistível, disse "xereca, sim", foi aí que ela percebeu. Os hormônios tinham subido para sua fala. Minha amiga xerecou, mas não teve coragem de voltar à presença do rapaz. Mandou que um boy entregasse os originais e, de longe, as xerecas na mão, acenou para ele, envergonhadíssima do ato falho.

18.

EU TENHO UMA AMIGA que recentemente perdeu um de seus entes mais queridos, a gatinha Marie, que a acompanhava desde a mais tenra infância. As duas trocavam confidências na cama noturna que dividiam no Jardim Botânico. Marie morreu depois de longas operações, injeções e outras angústias que atormentam gatas sensíveis. Descansou. Minha amiga primeiro jogou as cinzas da felina ao vento vizinho do Parque Lage. Depois, para que a memória de Marie guiasse seus passos, tatuou uma gata na batata da perna esquerda. Tem ido longe.

19.

EU TENHO UMA AMIGA que só se veste de preto e é especialista em "cobrir brancos". Poderia ser uma profissão muito bem-paga, mas é apenas um favor que ela faz às pessoas de quem gosta e que precisam do seu socorro coloquial. Falante, cheia de histórias, é requisitada para eventos de conversa complicada, onde os convivas não são muito íntimos, e o papo pode emperrar. Ela põe em movimento qualquer assunto com leveza e espírito, seja numa mesa de bar ou numa festa para assinar o contrato de um novo DVD de Milton Nascimento. "Cobre brancos", colore a vida de palavras e descobre ganchos para risadas. Minha amiga não deixa o samba morrer — e, diante do alto-astral das palavras, o silêncio é quem fica mudo.

20.

EU TENHO UMA AMIGA que ostenta a sinceridade como a sua mais profunda companheira. Um dia, num ato extremo deste exibicionismo pagão, chegou para o namorado de anos, disse que o havia traído e que precisava ir embora de vez, pois com a nova relação alcançara "um novo patamar sexual". Muitos homens não se recuperariam com a informação de que foram superados; outros tantos, cínicos pragmáticos, exigiriam os detalhes para incorporá-los ao seu roteiro na cama. O namorado apenas riu. Perdeu a garota, mas ganhou uma ideia. Roteirista de uma série de televisão, um dia colocou a história do patamar sexual em cena, tendo o cuidado de pedir à produção que desenhasse "Amor/Humor", em hena, no pulso direito da atriz, o mesmo jogo de palavras de Oswald de Andrade que a ex, para expressar sua disposição sincera, usava para decorar o braço na vida real. Não ficou claro se o namorado estava num processo de vingança ou lembrança. Por muito tempo os amigos do ex-

-casal só chamaram a moça de Maria Patamar, de Paty Amar e outros trocadilhos de risíveis patamares.

21.

Eu tenho uma amiga que está muito bem na fita, mas frequenta preventivamente as sessões dos Vigilantes do Peso. "Mulheres subitamente estouram", ela diz quando alguém se estupefaz com sua exagerada vigilância. "Mulheres inflam de uma hora para outra", ela continua quando alguém mais adiante se boquiabre com o radicalismo. Minha amiga deixa em todos a impressão de nunca ter subido numa balança. Pneu algum, culote zero. O analista lacaniano disse, e se negou a completar a frase, que ela vigia o peso de ser mulher.

22.

EU TENHO UMA AMIGA que tem por esporte seduzir, dizer para algum homem hoje pela manhã que precisamos nos ver muito hoje à noite. Como estocada final na arte da provocação, ela envia no pé do e-mail um desses bonequinhos tolos que suspiram coração. É apenas um jogo. Nenhuma maldade, mas compulsão, uma maneira de testar como anda a força das suas garras de felina. Há mulheres correndo nas academias em busca da adrenalina que a vida não lhes despeja nas veias. Esta de que agora se fala, de nariz aquilino, pele cigana, tira a sua pílula de vida da brincadeira com esses êxtases masculinos que, eles nem desconfiam, não serão realizados. Primeiro seduz, depois diz que o rapaz entendeu mal. Ela acabou de me mandar e-mail dizendo na última linha "Você é um **AMOR**", com a última palavra em caixa-alta e em negrito. Mas eu conheço a peça. Uma vez, numa boate, ela dançou os sete minutos da música *Please, don't let me be misunderstood* com uma dessas vítimas. E se tocavam, e se diziam coisas ao ouvido, e pareciam sinceramente loucos para que se iniciasse logo a etapa seguinte da dança. Quando a música acabou só o rapaz continuava acreditando que ela havia atirado uma flecha e ele abrira o blusão para se deixar flechar. Era teatro, você entendeu mal. Ele pediu um beijo. Ela preferiu o de sempre. Um martíni, por favor.

23.

EU TENHO UMA AMIGA que tatuou "Alegria" no pulso esquerdo para que nos momentos de maior aflição olhasse a palavra e ela funcionasse como um livro de autoajuda, um gol do Flamengo, uma sessão de terapia, uma oração às seis da tarde na rádio mais popular da cidade. Queria a vida posta do jeito feliz que deve obrigatoriamente ser. Tem horas em que a tattoo dá mais certo que em outras, como acontece também com os mantras. Do alto de sua colina no Cosme Velho, ela ajoelha-se ao coração do Cristo-morto na cristaleira salva do espólio da avó. Leva a vida. A bússola de pulso demora a sintonizar as energias da cidade, não pega direito no alto do morro, mas logo deixará sua passageira no destino alegre que merece. Outro dia ela me falou que vai tatuar "Festa" no pulso direito. Não quer deixar dúvidas de seus projetos. Dei força.

24.

EU TENHO UMA AMIGA que um dia chegou em casa e encontrou sobre a mesa da sala a carta do marido dizendo "Te amo, você é a mulher da minha vida, mas me apaixonei por outra e estou seguindo no voo de hoje à noite para Salvador, onde vou morar com ela". Minha amiga é cantora da Lapa. Dizer que imediatamente começou a tocar *Meu mundo caiu*, da Maysa, no toca-discos da sua imaginação, seria uma associação óbvia demais, e no entanto a vida real é óbvia demais. Foi o que aconteceu. Hoje, ela frequenta os compositores à noite e os advogados da Vara de Família de dia. Acompanha por e-mail a vida daquele que a largou numa carta. O sujeito não deixou nada que revertesse em comida para as duas filhas que tiveram, mas esqueceu num caderno a senha do e-mail. Todo dia ela percorre aquelas mensagens dolorosamente, na esperança de provas de algum tipo que o condenem nas barras do tribunal. Semana passada, descobriu que o sujeito já começou a trair a nova mulher. Ficou com a dor um pouco mais sossegada.

25.

EU TENHO UMA AMIGA de olhos escuros e pele suave, talvez a mais bonita de todas, que põe a vida amorosa na contramão da sua elegância intrínseca. Só namora os mais lamentáveis malandros. Sofre. A cada fim de caso diz que entendeu por onde falha o seu GPS sentimental e jura não pegar mais os atalhos machos que ele oferece — até que na semana seguinte, no próximo bar de sexta à noite, lá está ela sendo puxada pelos cabelos. Ri sem jeito, canta junto o samba que estiver tocando e beija a boca do cafa. Ninguém tem nada com isso. No último aniversário, eu fiz o fino. Dei de presente *A educação sentimental*, de Flaubert, e deixei que a literatura fizesse efeito. Até agora, nada. Acho que ainda não leu.

26.

EU TENHO UMA AMIGA que não queria nada de muito definitivo com o namorado, embora ele oferecesse casar, ele sugerisse morar junto, ele anunciasse todos os dias estar a fim de algo mais afetivamente consolidado. Minha amiga era uma boneca que dizia não, título de uma balada da Jovem Guarda que ela, frequentadora de festas retrô, adorava cantar. Empolgava-se nada com o bofe aos pés. Um dia, diante de mais um convite para casar, ter filhos, desenhar o futuro à noite com os pés entrelaçados embaixo do edredom, ela disse um "então tá". Não era um "sim", um "eu te amo". A minha amiga disse o "então tá" e impôs a condição. Ela decoraria o apartamento. O rapaz, jornalista, pôs-se lívido na sua perplexidade amorosa. Viu, como disse mais tarde a amigos em comum, que não estava diante da mulher da sua vida — mas de uma candidata à vaga de editora do caderno de decoração. Esperava uma declaração de júbilo afetivo, ela veio com uma palheta de cores da Suvinil. Ele queria confirmar a paixão insana embutida em todo convite de casamento, ela pediu em troca o catálogo de móveis modulados da Florense. Estavam num jantar. O último.

27.

EU TENHO UMA AMIGA que nada todos os dias os 6 quilômetros entre a Pedra do Leme e a Pedra de Copacabana, num esforço de braços, pernas e pulmões que considera indispensável para muscular a cabeça e afogar o passado. Foi alcoólatra. Tem medo de ainda ser. Ela sabe do horror de chegar a uma festa encharcada pelo temporal que caía lá fora e, depois de meia dúzia de drinques, tirar a camiseta no meio da sala, seios ao léu, para secar a alma. A mãe e o pai presentes, ela totalmente ausente. Foi há dois anos, mas o vexame da cena não submerge. Na bolsa, carrega um verso de Ferreira Gullar sobre a persistência e também a ficha de frequência ao AA. Está há 563 dias sem beber uma gota de álcool, mas sabe, e o esgar aflito no rosto denuncia, que isso não lhe dá certeza de nada.

28.

EU TENHO UMA AMIGA que um dia encontrou o namorado com outra mulher numa churrascaria de São Cristóvão, os dois num clima evidente de que rolava. Ela foi fria. Aproximou-se da mesa em que o casal estava. Primeiro, pegou a latinha de cerveja que o namorado tomava e despejou na cabeça do próprio. Sempre em silêncio, ela se aproveitou do fato de o rapaz estar paralisado pelo inesperado que lhe fazia tamanha surpresa. Pegou a latinha que a moça bebia. Julgou a coitada sem culpa. Voltou-se de novo para ele e repetiu o descarrego líquido, derramando a segunda latinha sobre a cabeça do infiel. Pronto. Nada mais tendo a declarar, ela esqueceu até que tinha ido ali para almoçar. Os poetas afirmam que vingança é prato a se comer frio, pelas beiradas. Minha amiga acha que vingança é latinha a se derramar, estupidamente gelada, na consciência dos pecadores. Deu meia-volta. Saiu porta afora, debaixo do silêncio que as plateias reservam às grandes atrizes.

29.

EU TENHO UMA AMIGA psicanalista formada numa faculdade freudiana de Viena que jogou todo o rigor intelectual para o alto e hoje cura seus clientes com hipnose ou a nova técnica alternativa surgida mês passado no meio do caminho entre a Califórnia e o congresso do Partido Verde. Já acreditou em Freud, depois transou com Reich. Hoje recomenda ao cliente uma pós-terapia na saída no bloco Xupa, Mas Não Baba. Dá no mesmo, diz, desde que se liberem os nós do corpo. "Nós são, nós somos, os problemas", gargalha. Um dia, ela aplicou as mãos espalmadas sobre o estômago revolto de um autor da nova poesia carioca e em cinco minutos o rapaz estava pronto para outra. Quase um milagre. Ele foi-lhe grato com os jantares mais finos, as roupas mais elegantes da Folic — mas deve ter feito algo de errado. A psicanalista sumiu. Quando o poeta publicou um texto sobre o novo cafajeste, o perfil sem rimas do sujeito de fala mansa e gestual dedicado a fisgar a presa, ela deixou na caixa postal dele um recado cheio de risinhos no lugar das vírgulas. Disse que nunca tinha visto alguém se definir com tanta exatidão. Gargalhou o ponto final como lhe era de estilo e assinou a despedida com um código deles: "*Mi piele en tu piele.*"

30.

EU TENHO UMA AMIGA que fala a língua do "inho", uma adolescente de 35 anos incapaz de pedir uma salada, mas sempre uma saladinha, incapaz de dizer bonito, mas sempre bonitinho. Ela é representante da Geração Fofinho, o adjetivo diminutivo que a sua galera de quase 40 usa como mantra e serve para demonstrar a disposição de ficar bem com todos no planeta. Chega de feminismo. Críticos são os velhinhos, tigresas de unhas negras eram suas vovozinhas. Caretas dizem não, ela diz sim ao sim. O show de ontem à noite? O Kaká? Tudo fofinho, maneirinho. Leila Diniz se deu ao trabalho de brigar antes. Todas as guerras já foram lutadas. Minha amiga vai aos bares, namora etnias que no tempo de suas tias nem existiam. Quer a vida afirmativamente afetiva, por isso sublinha o sim com jeitinho. Evita as pedras que Drummond espalhou para a língua ser justa e sem amaciante ursinho. Eu, em busca do fofinho que ela às vezes me assopra, não me queixinho.

31.

EU TENHO UMA AMIGA que um dia me contou a história triste de um assalto em que os bandidos a abordaram quando colocava gasolina no carro e obrigaram-na a uma complicada operação de cartão de débito que, ao final, para resumir, custou--lhe 500 reais vivos. Passei a história adiante a um amigo comum, e ele mandou parar na primeira linha. Nossa amiga nunca teve carro. Era apenas mais uma história sem fundos. Um impulso na direção da mentira que um dia, em outra história inventada, tinha feito com que ela jogasse pela janela os discos, as abotoaduras e tudo mais que fosse da posse de um namorado, por ter descoberto que ele engravidara a empregada — o que seria impossível numa senhora de 61 anos. Minha amiga parece um samba de Noel, *Pra que mentir?*. Tirante tal e botante sua vontade de uma vida com mais imaginação, é de fé.

32.

EU TENHO UMA AMIGA que num dia apareceu com as sobrancelhas raspadas e no outro fez o mesmo com os cabelos, os mais bonitos da turma. Muito antes de ler o verso de Adélia Prado, aquela imagem foi a minha primeira informação ilustrada de que mulheres são desdobráveis. Reinventam-se. Ela parecia a Jean Seberg vendendo o *Herald Tribune* no *Acossado* do Godard e pela vida afora me deu as últimas notícias em primeira mão. Dançamos no Frenetic Dancin' Days da Gávea, experimentamos toda sorte de estupefacientes proibidos. Um dia, nua na rede de um estúdio fotográfico da rua Aprazível, Santa Teresa, ela se fez Verushka, eu fingi ser o Franco Rubartelli. Os negativos, esquecidos dentro de um livro de Mario Vargas Llosa, foram parar num sebo da Dias Ferreira — e o resto da história faz parte de um processo de número enorme que se arrasta em sigilo numa Vara de Família.

33.

EU TENHO UMA AMIGA que, numa segunda-feira dessas, em vez de ir ao escritório, seguiu para o consultório da dermatologista e se deixou aplicar botox na testa e em cada uma das bochechas. Ficou cinco anos mais jovem e tem sentido nas ruas que homens cinco anos mais jovens perceberam. Ela tinha as linhas da testa marcadas, um sulco estressante ali onde as duas sobrancelhas se separam. Ficou lisa, o rosto todo sorri. A única coisa que a preocupa é o fato de o marido, e assim já se passou um mês, não ter notado a nova mulher em casa. Ela força um olhos-nos-olhos, roça o nariz no dele brincando que virou foca, mas a reação do bofe é a de sempre. Dez anos de casados. Minha amiga pensa em levar o jogo adiante. Já que o marido vive elogiando o desenho dos seios da Garota do Tempo do Jornal Nacional, cogita crescer, mas também sem avisar, o volume dos seus. Tem medo. Acha que o marido simplesmente não a está vendo mais.

34.

EU TENHO UMA AMIGA que ganha a vida escrevendo sobre homens, sobre a admiração que tem por eles e também como são risíveis. Faz enquetes sobre o tipo de calcinha que preferem (deu algodão, preta, tamanho médio) e outro dia perfilou num artigo o tipo de homem que escaneia de alto a baixo a mulher (dele não se deve esperar um convite para um ciclo de estudos de Shakespeare, mas uma aventura ao estilo James Brown, de *sex machine*). Alguns são encaixados na grande família do Pachecão (troca tudo pelo futebol) ou o chef (sua arte é te cozinhar, deixar em banho-maria). Quanto mais fracassos nos encontros com eles, mais divertidos ficam os textos. Foi ela quem contou num livro a história da noite em que estava na cama com um famoso ator da televisão e ele, depois de muito esperar, de muito investir em circunlóquios sem graça, finalmente colocou a mão sobre sua vagina, o que provocou nela um imediato suspiro de alívio. Foi tudo. O rapaz achou que já era o clímax e, caindo de lado, atacou orgulhoso com o clássico foi bom para você. Minha amiga rotulou o sujeito presunçoso de Toque de Midas.

35.

EU TENHO UMA AMIGA que naquela inesquecível sexta-feira chegou em casa cansada de uma semana extenuante de trabalho. Sonhava com a paz da guerreira moderna. Depois do banho e do jantar que a empregada havia deixado, ligaria o ar-refrigerado do quarto, se jogaria na cama e ficaria chapada vendo TV. Era o que estava fazendo. Zapeava de um lado para o outro e antevia a delícia de dormir sozinha naquela noite porque o namorado viajara e só chegaria na tarde de sábado. O nirvana, o nirvana. Num momento, porém, enquanto a imagem da TV ocupava mais o canto direito do seu olho direito, ela percebeu alguma coisa se mexer na parede bem ao canto do lado esquerdo do outro olho. Parecia o início de um filme de terror do Zé do Caixão. Uma barata cascuda, até então imóvel, mexera-se alguns centímetros — e é tudo que minha amiga sabe contar sobre a inimiga. Ela só teve tempo de agarrar o travesseiro e o lençol. Correu do quarto, bateu a porta e suspirou aliviada de ter escapado do terrível monstro. Como medida de segurança, colocou um pano embaixo da porta, vedando uma possível saída da barata para um ataque sorrateiro. Deixou o ar-refrigerado e a TV ligados lá dentro, disparando o consumo de energia. O importante era estar viva. Dormiu no sofá da sala e só acordou no dia seguinte quando o namorado tocou o interfone. Ele foi imediatamente encarregado de entrar na jaula do leão, quer dizer, no quarto em que se homiziara a barata. Com uma chinelada viril, o super-herói estraçalhou a bandida e ganhou como recompensa o grande barato do sexo sem pressa de sábado à tarde.

36.

EU TENHO UMA AMIGA que cheira as camisas e vasculha diariamente todos os bolsos do marido em busca do bilhete clássico que tenha o nome da outra, seu telefone e o desenho dos lábios autenticando tudo num batom carmim. No primeiro ano de casamento, mexendo no celular dele, encontrou mensagem para um colega elogiando os dotes calipígios de uma funcionária. Nunca mais sossegou. Percorre as cartomantes em busca de um aviso sobrenatural que a alerte para possíveis concorrentes, aparece no escritório nas horas mais improváveis. Uma de suas técnicas é bancar a boba para que ele fale bastante e se denuncie em algum cruzamento de dados. Alguns poderiam chamá-la de Maria Ciúme, mas minha amiga garante que se chama Maria Paixão. O marido prefere chamar sua fiel farejadora de Perdigueira do Amor.

37.

EU TENHO UMA AMIGA que uma vez por mês sente uma angústia profunda diante da vida, tem uma vontade insuportável de largar a família e ir ao cinema, onde ficaria para o resto dos tempos vendo algum filme de happy end. Nessas horas ela conjectura medidas radicais: passaria uma borracha no passado, nas relações presentes e deixaria que viesse, mesmo sem esperanças, com sua aparência nublada, o futuro lamentável. O primeiro a saber disso tudo é sempre o namorado para quem ela telefona chorando no meio da tarde e pede um encontro urgente, pois do jeito que está tudo parece sem perspectivas, a saída talvez seja ela mudar de cidade, afinal eles nunca mais viajaram no fim de semana ou sequer saíram para um café da manhã de domingo numa dessas padarias charmosas da cidade. Precisavam, enfim, discutir a relação, dar um tempo, encontrar outras pessoas, acabar com aquela tortura de se sentir deprimida de repente, sem saber de onde vem aquela aflição emocional. Nesses dias minha amiga tem crises noturnas de bruxismo e, quando chega o namorado, põe os óculos escuros para que ele não veja as olheiras e as lágrimas. Diz que tudo lhe parece sem sentido e escuro, nenhum caminho inspira excitação. Ele é um homem maduro, sorri. De vez em quando sente as mesmas frustrações, mas logo a vida se equilibra e constata que o quadro não é tão ruim assim. Há esperança, eles se amam, vai passar. Diz, carinhoso, que é uma crise de TPM. Ela contesta agressiva, garantindo que dessa vez não é TPM. É, não é — e discutem mais um pouco. Abraçam-se, ela chora um outro pouco. Dormem. No dia seguinte, estará melhor. É TPM clássica.

38.

EU TENHO UMA AMIGA portuguesa que passou uma das suas mais ardentes noites de amor com um carioca, colega de um intercâmbio na adolescência, que acabara de reencontrar numa festa. De manhã, sexualmente eufórica, ela chamou amigos em comum para almoçar e anunciar o novo casal formado na noite anterior. Não economizou nos chamegos à mesa nem na fartura das caipirinhas. Estava maravilhada com os trópicos e começava a desenhar seu futuro, fazendo piadas com a possibilidade de repetir, quatro décadas depois, a passagem de Brigite Bardot por Búzios. Bom sexo, boa conversa e caipirinha de lima-da-pérsia num restaurante *exotique* à beira-mar. O que mais esperar da existência? Os amigos despediram-se do casal, impressionados com tamanha felicidade — e foi a primeira e última vez que os viram juntos. Nem chegou a haver nova rodada de sexo. Ainda extenuado pela noite anterior e com o humor alterado pelas caipirinhas, o rapaz ficou impressionado com a loquacidade dela, a mesma que na noite anterior lhe parecera a mais inteligente das conversas. Mandou-a embora, bateu a porta, e da janela, gritando para a calçada onde minha amiga chorava, pediu que parasse de falar. Nunca mais se viram e ficam com os pelos crispados ao simples anúncio do nome do outro. Minha amiga diz que foi vítima de um fenômeno que já havia detectado com outros homens. Se nas mulheres o orgasmo estimula a sensação de felicidade e pode resultar em mais desejo, no homem, abate. Já havia visto parceiros subitamente tomados pelo mesmo torpor infeliz. Era a DPG, a depressão pós-gozo.

39.

EU TENHO UMA AMIGA que arruma sempre um jeito de puxar o celular, clicar no ícone de fotos e mostrar o moreno de barba de quatro dias. Ela o chama de "Deus" por causa do contorno espetacular que anos de surfe e malhação lhe proporcionaram ao corpo. Não sabe bem como classificá--lo. Ora é namorado, ora equipe de manutenção. Pode ser que fiquem juntos num fim de semana inteiro, pode ser que na segunda-feira ele anuncie que voltou com a antiga namorada — e desapareça por mais duas semanas até restabelecer o ciclo, quando ressurge das cinzas com o peitoral de Apolo e a cabeça de beque de várzea. Minha amiga suspira e aceita subir novamente na gangorra emocional, que é o único sacode na sua existência solitária. Sabe que depois de amanhã vai chorar, mas mesmo assim mergulha nos braços do cafa de charmosa truculência. Ela acabou de me mandar um torpedo perguntando se eu vejo algum futuro nisso. Ainda não respondi.

40.

EU TENHO UMA AMIGA do tipo moderno, dessas que a gente só conhece pela internet, e que manda texto às segundas falando da doçura de Drummond e foto, às terças, cabelos molhados, lábios entreabertos, anunciando que chegou aos 60 mas o desejo continua nos 30. "Os homens agarram logo pela cintura, sabendo que não sou donzela", escreveu numa segunda dessas. "Todos safados, mas eu me safo como se fosse uma delas." No dia seguinte, me mandou foto saindo deslumbrante do mar. Ela pediu que não escrevesse mais frases em que se juntasse a palavra mulher ao adjetivo louca. Seria pleonasmo.

41.

EU TENHO UMA AMIGA que se encantou, num passeio pelo shopping, por uma saia comprida, cáqui, apertada nas ancas e largona embaixo. Entrou na loja e pediu à vendedora para experimentar. A moça passou os olhos profissionais por ela: "A que está na vitrine é a última, mas é tamanho P." É daquelas pequenas frases habilmente orquestradas para demolir a vaidade de uma mulher. Sub-reptícia, uma cobra semântica, a frase da vendedora queria dizer "a senhora está gorda demais para entrar no nosso produto". Minha amiga captou toda a mensagem, e o que seria uma simples compra se tornou um complicado imbróglio feminino. O falso desentendido sobre a saia escondia embaixo dela orgulho estético, inveja, competição, luta de classes e o mau humor da balconista *versus* a vontade de ficar bonita da cliente. Diante da informação de que não havia peça para ela, pois o tamanho em exposição era o P, minha amiga fez a cínica. "Deixa eu ver." A vendedora insistiu, fazendo-se de tola, pois acima de tudo já não estava mais a comissão da venda, mas a guerra contra aquela a quem escalara como rival. "Não adianta a senhora experimentar se o tamanho G está em falta", disse, em mais uma estocada. "Vamos ver como fica esse modelo, tira da vitrine", ordenou a mulher ferida nos brios. Ela estava decidida a caber naquela saia P nem que precisasse cortar metade de cada um dos culotes, nem que precisasse furar, sem anestesia, cada um dos seus pneuzinhos. Entrou na cabine. Encolheu a barriga ao máximo. O pano era grosso e estava tão justo à pele que dava a sensação de lixá-la. Os poros sufocavam de tão comprimidos. Não importava. Minha amiga entrou na saia e o resultado era razoável. O desconforto seria um segredo só seu. Vitoriosa, saiu da cabine e fez um desfile para a rival, uma cena que no futebol equivale à volta olímpica, quando o vencedor passa na frente da torcida adversária exibindo o troféu conquistado. "Eu não disse que era o meu tamanho?", provocou, e alongou o desfile por alguns minutos para que todos na loja a vissem e a inimiga, que assistia a tudo em silêncio, sofresse mais um pouco. A guerra estava ganha. A saia-troféu jamais saiu do armário, mas isso a vendedora não precisa saber.

42.

EU TENHO UMA AMIGA que lidera "As meninas da tarja preta", uma comunidade na internet em que o logotipo traz uma pin-up com uma tarja nos seios. Minha amiga toma os antidepressivos básicos de sua geração de mulheres, todas em busca de equilíbrio farmacêutico diante da impossibilidade de conseguir uma felicidade natural. Isso traz alívio de um lado. Do outro, as drogas milagrosas da farmacopeia psiquiátrica fazem com que ela se torne vítima constante do que chama de baixa libido, um desejo zero que a deixa sem poder revidar diante da constante euforia sexual do seu adorado marido. Ele não tem culpa. Trocam juras de amor, dizem que querem ficar juntos para o resto dos tempos, mas não transam há meses. Quando o remédio tarja preta faz com que pare de chorar, a tarja preta da obstrução sexual sobe aos seios, desce ao triângulo das bermudas e fecha todas as possibilidades de transar. Minha amiga se lembra da infância, quando o pai lia a poesia de Cecília Meireles, a do "ou se veste a luva ou se põe o anel".

Num mundo adulto sem poesia, ela procura a dose certa que cubra de sol a depressão mas ao mesmo tempo deixe a libido bronzeada. Vai trocar de médico mais uma vez.

43.

EU TENHO UMA AMIGA que diz ter ficado "sequelada" pela primeira vez aos 10 anos. Sofreu por um homem, eis o sentido da sua sequela, mas aprendeu cedo. Acredita ser o estado natural da mulher. Elas já nasceriam carentes pela dor de alguma paixão que, idealizada, não corresponderá à realidade. Algumas controlariam o mal congênito da mesma maneira que as vítimas de alta taxa de glicose controlam a doença com remédios — mas assim como o samba, a prontidão e outras bossas são coisas da brasilidade, a sequela estaria na origem do feminino. A mulher fantasia mais o estupor romântico.

A minha amiga lembra-se de ter sido seu marco inaugural aos 10 anos porque foi quando lhe nasceu a paixão avassaladora por um colega de 18, a quem confessou o que passava nos hormônios do coração. A estudante do primário recebeu como resposta — pela ordem — uma bala de tamarindo, um beijo na bochecha e uma fuga meio sem jeito do príncipe-galalau para o estádio onde a turma da última série do segundo grau treinava basquete.

Minha amiga sofreria outras sequelas no decorrer da vida e hoje, aos 50 anos, bafejada pelos ventos tranquilos do amor maduro, vive a ventura de uma relação estável. Não tem receita nem avança na esperança. Arrisca dizer apenas que, assim como o veneno da cobra serve de vacina para a dentada da própria, a dor da sequela ajuda a mulher a chegar ao ponto de equilíbrio. A idealização do príncipe que nunca enche as medidas, o amor não correspondido, a perda, o abandono e o pé na bunda são acontecimentos inevitáveis. Minha amiga se diz em tratamento. Está apaixonada pelo marido, mas vai com calma na taça do vinho romântico. Sabe que sequela não cura. Pode vir na próxima taça.

44.

EU TENHO UMA AMIGA que acabou o relacionamento no dia em que o namorado abriu o cofre do apartamento e, macho exibicionista, mostrou 10 milhões de reais estocados em notas de 100. Ele era um importante empresário do mercado imobiliário, tinha lancha e cobertura de frente para o Central Park, em Nova York. Riquíssimo, de fato, mas minha amiga pediu que ele esclarecesse aquela dinheirama viva. Estavam juntos há três meses, num daqueles encontros de fotonovela, pois haviam estudado no mesmo colégio primário e se perderam no mundo, até que numa festa de lançamento de um novo prédio de apartamentos dele tiveram a impressão de feitos-um-para-o-outro. Minha amiga, entrada nos 50, a vida resolvida, netos, sonhou com a segurança de quem cai de amor por um velho conhecido — até que a porta do cofre se abriu. Ela achou tudo estranho. Não encontrou nas explicações dele um sinal de "fique tranquila, a polícia não tem nada a ver com isso" — preferiu se abrigar em cavernas simples, porém mais seguras que a do seu suspeito Ali Babá. Todo dia lê os jornais em busca de algum cruzamento de crime do colarinho-branco com tráfico de drogas ou de suborno de políticos com dinheiro vivo da contravenção. Para o grande público, ele continua inocente e acima de qualquer suspeita, mas a minha amiga diz que o sexto sentido feminino não falha — e todo dia compra o jornal da manhã.

45.

EU TENHO UMA AMIGA que uma noite tomou todas, uma confusão de traçados que em determinado momento fez com que suspirasse maravilhada diante do homem em pé, admirando-a lá do outro lado da calçada. Não teve dúvida. Foi até ele com um copo na mão, bebericaram, beijaram-se e em minutos estavam sendo carregados pelo resto da turma para uma festa alguns quarteirões adiante. Minha amiga bebeu mais um pouco de vodca e beijou outro tanto o homem que encontrou na calçada, um sujeito que no seu torpor etílico registrara como um meio sósia de Che Guevara, de roupas descoladas e um jeito solto de ser. Ela sempre gostou de um bad boy. Em meio à festa, sentiu-se indisposta e pediu para ser levada em casa, onde foi posta na cama e dormiu um sono recuperador. Na manhã seguinte, o primeiro telefonema para a resenha da festa falava que ela passara a noite aos beijos com um cidadão de odor forte, o segundo comentava o fato de ele estar maltrapilho e ter desabado na cama do dono da casa.

O terceiro telefonema, de um colega da produtora de filmes onde ela trabalhava, cravou a estaca definitiva no coração envergonhado da minha amiga, que se lembrava vagamente da noite anterior. Che Guevara coisa nenhuma. Ela havia ficado com um mendigo de Copacabana.

46.

EU TENHO UMA AMIGA que um dia resolveu fazer o que todas as outras amigas, entre um chope e outro nas mesas dos bares, diziam estar prestes a realizar. Chutou o balde. Ela queria se deixar levar pelos prazeres do vento e as asas das gaivotas. Ser livre como a Maria Schneider no conversível de *O passageiro: profissão repórter*. Minha amiga pegou as roupas básicas da Hering, jogou a mala dentro do veleiro do namorado, o grande amor da sua vida naquela semana, e partiu de Búzios, disposta a só voltar quando batesse na última onda do último oceano. Levaram dois dias para chegar a Santos, quando então começaram a brigar por causa de mais uma macarronada sem tomate que ela fazia. Disseram-se coisas que o vento de vez em quando ainda traz salgadas aos ouvidos da minha amiga. Ela puxou a campainha e saltou do barco ali mesmo. Pegou o primeiro ônibus de volta a Jacarepaguá, onde vive num sítio com um ex-guerrilheiro hondurenho e chef de um restaurante orgânico. Nada de macarronada.

47.

EU TENHO UMA AMIGA que já apareceu nua na capa de um livro de poesia e isso não era nenhum apelo fácil para conquistar a atenção dos leitores, mas uma homenagem justa do autor, por acaso seu marido, àquela que tinha sido musa única de todos os versos. Ele morreu, ela continua linda, tentando descobrir novos olhares que percebam a poesia ainda viva em seus olhos e arredores. Quando alguém lhe cai nas graças, não telefona nem manda champanhe com sugestões de borbulhas. Faz um teste. Recolhe em seu jardim os ninhos já desocupados pelos pássaros e manda. Sem poesia, ela diz que não voa junto. Outro dia, um rapaz agradeceu o mimo mandando de volta um CD de canto de pássaros recolhidos por Johan Dalgas Frisch. Foi aprovado.

48.

EU TENHO UMA AMIGA psicanalista que passa o dia ouvindo os problemas alheios, as frustrações no trabalho, as incompreensões amorosas, e à noite tudo que ela quer é se deitar no chão do corredor da casa do namorado, olhar as estrelas que ele colou no teto e perguntar o que-será-que-será deles dois. Chamam-se de serpentina, ele, de confete, ela, na aposta de que a vida lhes será sempre um Carnaval. Às dúvidas que recebe dos clientes analisados, responde com outras dúvidas, e bota para girar a roleta da fortuna em que a grande psicologia é o cada um sabe de si. De noite, o namorado faz o mesmo com ela. Diante do que-será-que-será do casal, não oferece resposta conclusiva. Bate o bumbo, tira o pé do chão e carnavaliza a relação. Minha amiga, a serpentina deste bloco amoroso, sabe que a Quarta-feira de Cinzas chega, e não se impressiona. Faz o que se espera num bloco. Cai na gandaia, arrasta a sandália.

49.

EU TENHO UMA AMIGA que é capaz de perguntar muitas vezes, arrumando-se para sair, se está bonita aquela combinação de saia preta com blusa branca e, diante da resposta positiva, mesmo assim trocar as peças. "E agora, tá bonito?", insiste, 15 minutos depois da primeira roupa, aparecendo, diante de quem havia elogiado, com uma calça jeans e uma camiseta listrada. É um exercício charmoso de insegurança estética para ela que se veste e de paciência para quem a espera, aflito, diante do relógio se aproximando célere da hora da sessão de cinema. Os namorados cobrem de elogios todas as roupas e os acessórios — ela é de fato bonita e de bom gosto para se vestir —, mas sabem que a opinião deles não tem importância. Trata-se da cena universal de uma mulher vaidosa, embevecida diante do espelho. São pelo menos cinco jogos de roupas experimentados a cada saída, todos acompanhados de uma saraivada de "está bonito?" e outras tantas respostas afirmativas. Um desses namorados uma noite foi para o ritual armado de mau humor. Diante de todas as saias, blusas e vestidos apresentados, respondeu com um "gostei não" sem levantar os olhos do jornal que lia. Ela não disse nada, mas pensou baixinho que estava na hora de se arrumar para outro homem.

50.

EU TENHO UMA AMIGA que viveu a repressão política dos 60, a esbórnia sexual dos 70 e as drogas dos 80, um festival de acontecimentos que dá suplemento fabuloso de histórias a um sobrevivente delas, mas deixa sequelas que tornam difícil contá-las. Em geral está acelerada, uma palavra sempre a mil atrás da outra, mas pode ser que tartamudeie e procure horas, sem achar, aquelas que narrem o excitante fim de semana de sua turma com Mick Jagger em Búzios. Nem tudo é verdade, nem tudo faz sentido, e essa parte é a melhor para a plateia que se forma ao seu redor nas festas. Namorou Arduíno Colassanti, discutiu Freud com Eduardo Mascarenhas e, numa noite de verão, chegada da comunidade dos Novos Baianos, ficou nua na varanda do Antonio's. Minha amiga acabou de contratar um jornalista para checar datas, procurar testemunhas e pôr em ordem os assuntos que ela viveu, mas embaralhou com as pedras do uísque. Quer que escreva a sua biografia. Ela, por sua vez, vai aproveitar o trabalho para arrumar as fichas

espalhadas pelos buracos que 40 anos de drogas-
-sexo-e-rock-and-roll fizeram na sua privilegiada cabeça.

51.

EU TENHO UMA AMIGA que enfrenta a passagem do tempo com elegância e impaciência diante dos homens que se apresentam. Uns têm olhos verdes, mas não conhecem Henri Salvador, outros querem afirmar poder com arrogância macha e outros ainda usam bonés com a aba virada para trás, como se a aba pudesse refletir de novo a juventude que passou. Deleta todos e fica sozinha. Com os filhos criados, as finanças resolvidas, ela avalia com o ceticismo maduro de hoje as três pontas clássicas de prazer, o que seria o novo sexo-drogas-e-rock--and-roll da sua juventude. Continua querendo sexo, claro, mas desde que venha acompanhado de muita risada. Troca as drogas por um bom vinho, mas desde que a conversa não passe pelas safras e sim pelas piadas amargas do seriado *Two and a half men*. Do rock and roll, quer o silêncio que fica entre um acorde e outro, de preferência numa pousada em Mauá, onde suas gargalhadas possam ecoar pelo vale. Minha amiga já esteve casada com um banqueiro, agora sai com um antigo colega da faculdade, mais para feio do que bonito, indubitavelmente pobre. Quando lhe perguntam por que ele, dá a mesma resposta da estonteante Jessica, a pin-up apaixonada pelo inesperado coelho Roger Rabbit: "É que ele me faz rir." Diz que quem tem grana, quem já foi dezenas de vezes a Paris, sabe. Humor vale mais.

52.

EU TENHO UMA AMIGA que esconde seus belos atributos físicos atrás de verdadeiras burcas, vestidos sem graça que pretendem garantir diante dos homens a mesma invisibilidade das islâmicas. O ego satisfeito, todos os elogios já ouvidos, ela adotou as vestimentas para viver em paz com o novo marido. Zero de decote, zero de contorno dos quadris, zero de qualquer informação sobre os atrativos de uma das mais belas fêmeas da cidade. Até nas roupas íntimas negava-se a vestir sedução. Uma calcinha que havia comprado por engano, com a parte traseira transparente e recortada com um coração de cetim, totalmente "cachorra", dormitava sem chance no fundo da gaveta. Jamais a usara — até que um dia, na pressa de sair para o trabalho, foi a primeira que apareceu. Mais tarde minha amiga lembraria o conselho da avó, recomendando atenção com as roupas íntimas porque um dia poderia passar mal na rua e... Não deu outra. Ela teve um enfarte no escritório. Com o marido viajando, chamaram o filho para acompanhá-

-la, pois precisou ficar internada numa UTI. Os médicos tiraram todos os adereços, joias, óculos, e deixaram-na só com a calcinha ridícula. O enfermeiro não conseguiu encontrar a veia do braço para o exame de sangue e perfurou-lhe a jugular. Era um quadro de medicina dantesca, mas ela só pensava na maldita calcinha que resolveu usar justo naquele dia. O que iam pensar? Precisou caminhar pelos corredores com aquele roupão que fecha nas costas, mas sempre deixa boa parte dela, e algo mais, à mostra — e lá foi minha amiga exibindo, inclusive para o filho, o enorme coração de cetim recortado sobre a transparência. Sobreviveu ao enfarte. A lembrança do ridículo de vez em quando ainda assombra seu combalido coração.

53.

EU TENHO UMA AMIGA que outro dia fazia a habitual catação de piolhos, praga que considera o mal do século, na cabeça da filha, ao mesmo tempo que a menina catava palavras para a redação da escola. Parecia cena de poema de Adélia Prado, aquele misto de pacificação doméstica, uma mulher entretida com a saúde da família, enquanto ela própria sentia por dentro os eternos piolhos do erotismo zunindo incontroláveis. De repente, a menina disse que a palavra mais bonita era "infinito". Minha amiga concordou — embora adore sândalo —, pois era infinito, por exemplo, o amor que sentia por ela. Continuou a tourear os piolhos, mas desistiu de catar maiores significados para exaltar a bela palavra. Suas dores e alegrias de mulher madura sabiam que, além do amor infinito, infinitas também podem ser a dor, a saudade e a ausência. Andava inquieta, e a cozinha da casa era lugar pouco apropriado para explicar o mundo a partir de uma palavra. Ela passava o remédio contra os bichinhos, olhava o fogão em que cozinhava o frango para o marido e respondia sobre a língua portuguesa. Ao final, leu a redação e ficou feliz. A menina, sozinha, descobrira que o infinito, dependendo do lado em que se está do arco-íris, pode ser tanto uma cor clara quanto escura. Nesta noite, os anjos da paz doméstica cuidaram com carinho dos piolhos fictícios que a minha amiga desde sempre cultivou, com o maior charme, entre os fios dos seus cabelos louros.

54.

EU TENHO UMA AMIGA que um dia, no intervalo de uma festa, me levou até a janela e apontou uma outra janela lá longe, onde um casal, abraçado no sofá, via um programa qualquer de TV. Ela, a inveja branca sob controle, disse: "Felicidade é ver televisão juntinho num sábado à noite." Depois disso, já esteve em Paris com um namorado e em Nova York com, ao mesmo tempo, outros dois. Foi ótimo, ela diz, mas acha que teria sido da mesma forma se estivesse sozinha nas viagens. Saciada das aventuras internacionais, locupletada de todos os machos que fazem e acontecem, extenuada pelos metrossexuais que pintam e bordam, minha amiga insiste no verdadeiro nirvana que vê por trás do símbolo da rotina televisiva doméstica. Sonha com a delícia de chutar pedrinhas em torno do quarteirão, pegar uma casquinha de cupuaçu e sair por Ipanema flanando, o que chama de "sorveterapia" ou "a alma pacificada". Ela tem o verbo franco das mulheres que viajaram por todos os pacotes sexuais oferecidos pela humanidade. Agradece. "A grande sacanagem", diz sem rubor, o desejo amadurecido, "é a intimidade". Comprou uma Full HD de 52 polegadas e, paciente, espera.

55.

EU TENHO UMA AMIGA que, na tarde de domingo, ao se despedir do namorado com quem havia passado todo o fim de semana, segurou-o pelo braço e disse, entre carinhosa e cobradora: "Você não me deu um pega nesses dias todos." Na primeira semana da relação, ele queria casar imediatamente, na segunda quis ter filhos, na terceira ficou amuado porque ela não queria que eles se vissem todos os dias e na quarta concordou, muito a contragosto, que se encontrassem apenas no fim de semana. Minha amiga já passou por três casamentos, não quer saber mais do assunto. Acha que sexo bom é quando os dois estão a fim. Ele não estava naquele fim de semana e ela, na verdade, também não. Simples e maduro. Minha amiga me explicou que queria apenas ser desejada — o verdadeiro combustível que dá sentido à vida de uma mulher —, mas gostou de ter registrado a ausência de "pegada" e deixar o namorado em estado de alerta.

56.

EU TENHO UMA AMIGA, filha de uma família muito católica, que saiu espetacularmente nua na capa de uma revista masculina, os pelos ao vento ateu suspirando volúpia em cada uma das trinta fotos esparramadas por vinte páginas. Loucura, loucura. Espargia sobre os quadris, como se fosse um bastão bento, as gotas saídas de uma mangueira vermelha. As fotos foram sua despedida de solteira. Ao fim do mês, uma semana depois de a revista ser retirada das bancas, ela contraiu núpcias com o pastor da igreja evangélica que passara a frequentar. O cachê das fotos pagou o apartamento no Largo do Tanque. Tocam a vida, agora ao som dos hinos. Ela está muitos quilos acima e, quando alguém nota, diz "aleluia". Virou um *case* evangélico. Na igreja, o marido compara as fotos da revista de ontem com a imagem ao vivo. Diz aos fiéis que a combinação delas é o flash definitivo de que o demônio existe, e o pecado pode ser extirpado na próxima foto. É a igreja da Baixada de Jacarepaguá com mais mulheres na plateia.

57.

EU TENHO UMA AMIGA que frequentava o Maracanã nos jogos importantes do Flamengo e mostrava-se orgulhosa de ter encaminhado o filho, naquela época com 10 anos, pelo amor às mesmas cores. Estavam juntos, nos minutos que antecediam a um Fla-Flu, quando um cartola do clube, em campanha eleitoral a um cargo político na cidade, a descobre no meio da tribuna social. A bola não estava rolando, todos os olhos do estádio passeavam ali por aquele espaço, onde ficavam os vips — e lá foi o cartola abraçar com empolgação a minha amiga, sua companheira de turma, e de um breve namorico, no ginásio de um tradicional colégio de Copacabana. Não se viam há tempos e os abraços e beijinhos eram de uma intensidade sincera, de pessoas que se gostavam e mostravam-se realmente saudosas. O encontro, no entanto, era em pleno Maracanã, onde os códigos do comportamento não são os mesmos que regem as posturas no Golden Room do Copacabana Palace. A torcida do Flamengo, mesmo sabendo que era o presidente do clube e mesmo vendo que a minha amiga usava a camiseta vermelha e preta que deveria unir a todos, não perdoou. Em uníssono, começou uma ensurdecedora gritaria de "Pi-ra-nha! Pi-ra-nha!". Foi ali pelo final dos anos 1990. Ela diz que na época, os costumes ainda não tão liberados, sentiu o rubor tomar conta de suas faces. Hoje, sempre com o filho ao lado e agora morrendo de rir, a história é sucesso sem restrições morais nas reuniões de família com os netos.

58.

EU TENHO UMA AMIGA, sempre às voltas com o imponderável das relações amorosas, que costuma me telefonar nas horas mais impossíveis para saber o subtexto por trás do discurso de seus pares. Já me perguntou se era "de verdade" a frase de um reaparecido ex-namorado. O rapaz ligou, depois de um longo inverno, para se dizer saudoso, queria vê-la. Minha amiga suspeitava que ele estivesse sem parceira sexual e a tivesse escalado. Também fui consultado sobre o que se escondia no fato de um outro deixar sempre o celular no vibracall. Eram questões que exigiam respostas mais simples, pois a canalhice dos homens era evidente. Da última vez, ela disse que seu novo namorado chorava durante o orgasmo, e me exigia — "com sinceridade" — o que isso significava. Eu respondi: o parágrafo primeiro do artigo primeiro e único da felicidade sexual liberava homens e mulheres para sussurrar "meu Deus, eu vou morrer", gritar todo o repertório de palavrões da língua portuguesa, gargalhar diabólico ou chorar angelical. Eu disse para a minha amiga que o único pecado era não gozar. Talvez meio chocada com a sinceridade, não tem me telefonado.

59.

EU TENHO UMA AMIGA que na noite de seu aniversário chegou à casa do namorado e ele a esperava na sala com outra mulher, logo apresentada como garota de programa da melhor agência de modelos da cidade. Queria fazer uma surpresa e ali estava, começando a se despir, o seu presente de aniversário. Numa história antiga, minha amiga teria se quedado estupefata num divã. Diante da cena moderníssima, ela ficou puta com a cara de pau. Não deu bandeira. Em silêncio, avaliou o ridículo. Há tempos o rapaz tentava convencê-la a apimentar a relação, já de muitas sensações sexuais percorridas, mas em fase de declínio. Ela sempre desconsiderou a proposta, contrapondo, meio de brincadeira, meio de sabe-se lá, que antes houvesse um triângulo com o novo vértice preenchido por um homem, de preferência um amigo do casal. Machista, o namorado negava-se — e agora, sem aviso, sem consentimento, tentava a cartada desesperada com a garota de programa já instalada em casa. Minha amiga continuou avaliando a cena, que estava num crescendo, pois a moça, afoita em começar a rodar o taxímetro, avançava no striptease animado por uma *jazz band* no CD ao fundo. Quando caiu a última peça, minha amiga se fez dramática. Deu uma bofetada nele, disse "divirtam-se" — e foi embora.

60.

EU TENHO UMA AMIGA desprovida de qualquer atributo calipígio, palavra complicada que ela mesma usa para se dizer despossuída dos contornos redondos de um bom bumbum brasileiro, cheio de bês, arrebitados, bocas abertas de arrebatamento. Ela é uma tábua, mas os homens só percebem tarde demais, quando já estão fisgados. Excepcional administradora de empresas, contabiliza com sensibilidade o capital erótico. Usa um truque ou, no jargão de seu trabalho, uma otimização de bens. Na falta da plataforma básica da preferência nacional masculina, investiu todas as fichas de sedução na exibição ao mesmo tempo elegante e evidente de um volumoso e bem-edificado par de seios. Exagera na maneira de levantá-los com uma postura que a aproxima das peruas. Ao mesmo tempo os emoldura em decotes que tiram bons metros cúbicos de ar em qualquer sala onde entrem. As mulheres acham minha amiga exibida demais. Ela tem apenas a empáfia necessária para que os homens, ainda há pouco fiscalizando as bundas ao redor, parem imediatamente com essa bobagem — e valorizem a majestade dos grandes seios. Não há como não vê-los e, como são bonitos, admirá-los. Esqueça-se todo o resto. Um a um, os homens vão caindo aos seus pés, certos de que estão trôpegos de paixão pela mulher mais perfeita do quarteirão.

61.

EU TENHO UMA AMIGA que deve ter viajado na sexta-feira passada para um festival de cinema em Paris, mas pode ser que daqui a pouco o telefone toque e ela, com uma raquete de frescobol na mão, diga às gargalhadas ter resolvido ficar. Não será a primeira vez. Sempre que a vida atropela como um lotação desgovernado, a barca da existência atraca de lado ou ela sente que perdeu o bonde da história, resolve pôr o pé no jato. Parte para corrigir sua rota. Vai ali, Paris ou Tegucigalpa, dar um sacode para que a felicidade volte a pegar no tranco. Por três vezes, no entanto, chegou ao aeroporto do Galeão e se arrependeu quando ia despachar as malas. Voltou para casa no mesmo táxi. Minha amiga achou que deveria ser mais paciente com o marido, dar nova oportunidade ao produtor que a convidava para a temporada de um drama que ela, atriz consagrada, já tinha encenado. Dessa vez, acho, ela viajou. Já a vejo escrevendo as iniciais de alguém de quem gosta muito numa árvore qualquer do

Jardim de Luxemburgo, enquanto a cabeça vai-
-se perguntando "o que é mesmo que eu estou
fazendo aqui?".

62.

EU TENHO UMA AMIGA que perdeu o namorado por causa das bolsas. Ela usava aquelas do tipo sacola, todas grifadas e de muito bom gosto, mas sem nenhuma hierarquização em seu interior. Não havia um cantinho para as chaves, outro para as contas a pagar. Por fora, belíssima viola, por dentro o reino do caos, onde dinheiro, absorvente, estojo de maquiagem, papeizinhos com anotações e talões de cheque conviviam em completa desarmonia. Jogava tudo dentro e ia à luta. Os problemas da bolsa com o namorado aconteciam de madrugada, ali por volta das duas, quando eles saíam de alguma festa ou restaurante, e a minha amiga gritava "perdi as chaves do carro". Era aquele momento em que os corpos estão fatigados, loucos para desabar na cama. O grito vinha da cabeça que ela mantinha enterrada dentro da bolsa, na busca ensandecida das chaves em meio à confusão de lixas, piranhas, sandálias a serem consertadas, cartões de visita. O namorado, a cada alerta daqueles, entrava em pânico. Cabia o mundo na bolsa, e a chave do carro era sempre a última a aparecer. Resolveram acabar. Quando discutiam a relação, o namorado acusava a bolsa de ser como a cabeça da minha amiga, ou vice-versa. "O que você procura nessa bolsa?", desabafou, filosófico. Despediu-se desejando que, da próxima vez, ao procurar as chaves do carro, ela encontrasse um namorado mais paciente. Não era o caso dele.

63.

EU TENHO UMA AMIGA usuária de interjeições, aqueles blocos femininos que vêm com uma entonação especial e fazem a mulher rebolar também na língua. "Você não tem no-ção!" é um dos bordões dela, que, de tanto repetido e sabido pelo próximo ouvinte, minha amiga se dá ao luxo de fazer *nonsense* e dizer: "Você não tem lo-ção!" As palavras já não querem dizer muito, a entonação e o jeito de sublinhar é que importam. "Você não tá en-ten-den-do!" é outra possibilidade. Trata-se da interjeição-bordão, um modismo de expressão que, assim como o biquíni asa-delta deu lugar ao cortininha, muda o modo de falar com os tempos. É uma língua mulherzinha. Outro dia, o chefe dela pediu que evitasse as tais expressões, pois entoavam um ar adolescente no trabalho e puxava o QI para baixo. Minha amiga foi tomar um café com uma colega de repartição para desabafar sobre a injustiça da bronca. Era um caso deliciosamente perdido. Disse estar "cho-ca-da!".

64.

EU TENHO UMA AMIGA que em maio fez um eletro, semana passada meteu-se num tubo de ressonância magnética e sexta-feira marcou um teste de esforço para o início de julho. Nenhum médico pediu, todos unânimes em lhe elogiar a saúde e a beleza. Minha amiga se vasculha, ouve os brônquios, ausculta a respiração, sempre na busca do errado. Tem certeza de que algo em breve estará, e procura saber primeiro que a própria doença. Tem queixas das colegas quarentonas, todas fora do mercado erótico, vítimas da vida sedentária, dos pneus na cintura e do inerente mau humor que este quadro acarreta. Minha amiga acorda cedo, tem personal, nada golfinho e no fim de semana, um biquíni verde que enlouquece a praia, espanta gaivotas com raquetadas de frescobol. Acabou de me telefonar da nutricionista. Está com 18% de gordura. Economista, ela sabe que é resultado tão bom quanto os 9% de crescimento brasileiro, mas projeta chegar aos 10% até o fim do ano. Os namorados agradecem.

65.

EU TENHO UMA AMIGA que saiu três noites para jantar e dançar com um rapaz vestido com as mais recentes informações do mundo da moda, um monumento de bom gosto e mais o plus de ser bonito, musculoso, carregado de gentilezas masculinas que ela havia desistido de procurar nos novos machos. Nas três noites, nenhum sinal de aproximação sensual. Minha amiga achou estranho, mas esperou o convite para a quarta noite, quando, já decidira, se ele não fizesse algum sinal, ela faria. Foi o que aconteceu — e diante do beijo na boca, o rapaz pediu desculpas. Era gay. Achava a companhia dela agradável, inteligente, mas tudo deveria continuar como na canção, amigos simplesmente, nada mais. Ela soube de outros casos assim. Os rapazes usavam óculos de grife, tinham um apego especial pela mãe e jamais falavam de futebol. Cansada de sofrer com as desventuras, resolveu faturar com elas. Passou a dar palestras ensinando às colegas de infortúnio como identificar que aquele bonitão de um metro e noventa não é príncipe, mas cinderela. Da plateia, as mulheres davam exemplos retirados de suas vivências — e minha amiga ia anotando para um livro que deve ter umas trezentas páginas.

66.

EU TENHO UMA AMIGA que discorda radicalmente da frase sobre a vingança, um prato frio a ser comido pelas beiradas. Ela foi vítima de um longo namoro com um homem casado. Só descobriu no segundo ano, pois a notícia era escondida até pelos parentes dele. Todos torciam para a minha amiga vencer a guerra, que ela nem sabia estar disputando, com a mulher real, residente em outra cidade. Quando tudo se revelou, ela hackeou as senhas do vilão. Fez um perfil dele no Orkut e desmoronou o castelo de namoradas que o rapaz tinha em outras cidades. A cada uma que caía na rede, informava sobre a necessidade de fugir daquele canalha. Não é uma mulher de sorte, já tinha lhe acontecido antes. Diante de um outro traidor, certa de que vingança é prato para continuar a ser comido quente, rápido e com algum tipo de pimenta, ela foi ainda mais carnavalesca. Invadiu a gaveta de cuecas dele. Vitoriosamente louca, jogou pó de mico.

67.

EU TENHO UMA AMIGA nascida da mais tradicional família mineira, que vai à praia de maiô engana-mamãe. Separada do marido há mais de dois anos, ainda é proibida por ele, também mineiríssimo, de receber o novo namorado em casa. Profissionalmente, ela é um destaque no mundo da publicidade pelo arrojo das ideias modernas, mas a toda hora derrapa na formação conservadora — que, sempre alvo da gozação dos amigos, procura negar. Numa associação com a estância mineira de Poços de Caldas, eles a apelidaram de Poço de Contradição. Minha amiga já queimou o braço do namorado com o cigarro numa crise de ciúme, e, no entanto, é a mesma que, depois de passar semanas encaixando piadas sobre clubes de swing nas conversas, acabou pedindo que ele a levasse lá numa noite de sábado. Segundo seu próprio relato, não fez sexo com ninguém. Achou tudo um açougue, mas, poço de contradição em pessoa, diz que no caminho para o banheiro uma outra mulher a cercou e ofereceu um beijo. Para não parecer a última conservadora na face da Terra, aceitou.

68.

EU TENHO UMA AMIGA que foi assediada por um presidente da República, pelo maior jogador de futebol de todos os tempos, pelo dono do jornal onde trabalhava e por uma centena de outros personagens poderosos, inclusive o comandante do navio em que viajava até Lisboa. Com todos foi gentil, agradeceu o modo ora viril ora poético como eles se encantavam com sua beleza. Não ficou incomodada quando o presidente a imprensou contra a parede do palácio do Planalto e, na sala do café, tentou lhe roubar um beijo. Era o mesmo sinal de sempre. Ela agradava aos homens. Já tivera o apartamento invadido por um amigo que, abraçado a uma garrafa de vinho, apresentava-se, sem ser convidado, para tomar com ela, às onze da noite, todos os cálices possíveis. Minha amiga teve humor para dizer ao presidente, "olha a liturgia do cargo", e ao amigo inconveniente, que estava brincando com o filho. Ela era linda, bem-feita de corpo. Ao contrário da canção das antigas, sabia que gato não se escreve com jota. Ao contrário da mulher da canção das antigas, infelizmente não era cheia da nota. Podia estar ouvindo o presidente derramar charme em seu ouvido e, no entanto, vivia numa quitinete. Passou três anos em humilhação silenciosa. Deixou que o dono do jornal lhe pagasse o aluguel, mas sempre pedindo que ele não confundisse as coisas e exigisse recompensa. Queria ser reconhecida pelo texto das reportagens, pelo talento, essa obsessão das mulheres bonitas. Hoje, passada a exuberância física, o filho casado, ela é uma senhora sozinha num apartamento modesto. Não colecionou amigas, porque todas a viam como a rival invencível, provocadora de alucinações nos homens. Seus maridos e namorados foram todos do tipo errado, ou seja, ótimos de cama, mas pobres. Para usar uma expressão elegante, autorizada por ela própria, sem imaginação intelectual. Minha amiga me mostrou dias atrás a sessão de fotos em que um deles imortalizou a beleza espetacular dela. Estava nua aos 29 anos. Brincando, ela me disse para aproveitar, porque há tempos um homem não a via assim em pelo. Sente-se "orgulhosa" por não ter cedido aos que queriam apenas um naco da carne vigorosa, mas admite que se, agora, um poderoso lhe bater à porta às onze da noite, com uma garrafa de vinho italiano embaixo do braço, ela desliga a televisão imediatamente.

69.

EU TENHO UMA AMIGA responsável pelo patrimônio histórico de uma cidade importante que, como todas as outras cidades brasileiras, inclusive as nem tão importantes, de dez em dez anos destrói o que construiu nos últimos dez anos. Ela luta pela conservação do patrimônio, para a cidade manter com orgulho suas rugas e marcas do passado — mas o critério não vale na sua vida pessoal. Fez botox, preenchimento facial, plástica na bolsa dos olhos e outros arremates. Corrige como pode as trincas do passado, levanta sua história futura com silicone nos seios. Quando alguém brinca e diz "a história de um povo se faz com a preservação de suas ruínas e a manutenção das rugas", ela dá de ombros — por sinal musculosos, reconstruídos com a sobrecarga dos pesos administrados pelo personal. Não vê incoerência nas suas plásticas, preserva-se a partir da renovação. Um prédio restaura-se, e é mantido firme a partir da investigação da planta de seus criadores. Minha amiga diz que a mulher começou como uma experiência de Deus a partir da costela do homem e chegou ao século passado como pergunta na voz de Freud, sobre o que quer cada uma delas. Patrimônio histórico é outra coisa, garante. Para-se o tempo. Ser mulher é renovar e mudar a sua história.

70.

EU TENHO UMA AMIGA, jornalista, muito impressionada com uma reportagem que fez com a diva do teatro, principalmente com a resposta à tradicional pergunta de como ela se mantinha tão bonita. A atriz foi simples: passava "porra", isso mesmo, ela usou o português claro para esperma, no rosto. Minha amiga, para não chocar os leitores, escreveu que a diva passava sobras do amor na cútis. Na vida real, como o conselho vinha de mulher tão bela, resolveu experimentar. Os resultados foram nenhum. Pior. Numa das experiências, as tais sobras do amor colaram as pálpebras do seu olho direito, e ela teve por dolorosos minutos a impressão de que ficaria cega e sem poder dar uma explicação digna ao mundo. Graças a Deus, foi só um susto, e a cola se desfez com uma compressa de água. O seu rosto continua com as belezas e imperfeições comuns às pessoas normais, mas a história é sempre um sucesso nas mesas dos bares.

71.

EU TENHO UMA AMIGA muito bonita que um dia foi convidada por um renomado fotógrafo a posar para suas lentes. Vaidosa, no exercício feliz dos seus 40 anos, ela se achava no momento pleno em que as curvas do corpo e a segurança do olhar maduro formavam um conjunto harmonioso. Temia as inevitáveis consequências da passagem do tempo, e queria registrar no clique grifado a escultura generosa proporcionada pelo Criador. O grande fotógrafo, com uma galeria impressionante de atrizes e modelos no portfólio, seria o artista perfeito para eternizá-la, não fosse o estigma de mulherengo. Minha amiga, certa de que o nu, embora não combinado, seria uma etapa inevitável na sessão de fotos, relutou. Em alguns momentos queria, em outros sentia-se envergonhada. Principalmente, desconfiava do comportamento do fotógrafo naquele momento de intimidade. Tinha a sensação, nos encontros sociais, de que ele já a despia com os olhos. Finalmente topou, mas com a condição de que o namorado fosse junto.

O fotógrafo disse que não só não haveria qualquer problema em ter um assistente no estúdio como gostaria de convocar a sua própria mulher para a produção das roupas. Os dois casais encontraram-se no estúdio, e tudo mais a se dizer sobre a sessão é que começou ali uma grande amizade. De início, minha amiga estava nervosa e precisou tomar dois goles de uísque. Relaxou definitivamente quando a mulher do fotógrafo, menos bonita, também tirou a roupa para sugerir as poses que deveriam ser feitas diante das lentes do marido.

72.

EU TENHO UMA AMIGA faixa preta, lutadora de campeonatos de judô, e ela pede sempre que não a confundam com uma outra amiga, tarja preta, lutadora cotidiana, à base de Rivotril, contra os maus humores desta vida. São como o Sol e a Lua, o sim e o não, o riso e as olheiras. A tarja preta tem a fala um pouco lenta, as palavras custam a aparecer na frase e quando surgem são assim, esticaaaaadas. A cada namorado que encerra a participação no esquete de sua vida, ela troca sofás e camas para evitar uma mancha denunciando ter sido feliz, e, agora, ó vida, ó céus, tudo que precisa é de um antidepressivo extra. A faixa preta usa frases curtas. Pouco papo. Quer logo o *ippon*, o ponto final. Não encuca. Namorados vão e vêm, problema deles. Não deprime. Diz que grita tudo no tatame.

73.

EU TENHO UMA AMIGA que não acreditava em Deus de qualquer tipo até que largou tudo. Numa Semana Santa, foi viver no interior de Mato Grosso em torno da comunidade de um certo Sebastian of God, o bancário com poderes mediúnicos que olhou em seus olhos no primeiro encontro e imediatamente, sem falar nada, curou a catarata que o oftalmologista havia anunciado em formação, meses atrás, num consultório de São Paulo. Ela não o considera Deus, mas passou a identificá-lo para os amigos que a visitam na comunidade como a forma mais próxima de algo poderoso a existir no formato milagroso. Quer ficar por perto. Largou a vida de produtora de moda, na qual identificava as tendências para o verão do ano seguinte, e agora só se veste de laranja, só come produtos orgânicos. Está com 25 anos. Aceitou abster-se de sexo até que surja a vontade de ter um filho. Nem a presença do ex-namorado, que a visita regularmente em busca de uma explicação que o exima de culpa, faz com que pisque os olhos azuis, livres agora de qualquer possibilidade de catarata, e mude de ideia. Parece bem, apenas um pouco anêmica por não comer carne vermelha. Quando acusam ter sido vítima de um processo de lavagem cerebral, concorda. Bem-humorada, garante ser do mesmo tipo da que fazia com as leitoras da sua revista de moda.

74.

Eu tenho uma amiga que um dia entrou na redação do telejornal onde trabalha com um tapa-olho ao estilo Moshe Dayan. Nenhuma conjuntivite ou curativo pós-correção da miopia. Apenas moda. Vive na contramão do poeta, detesta a eternidade e quer ser apenas a mais moderna de todas. É. Descarta as coisas por não serem, como diz, "bacanas". O resto é passadismo intelectual. Estilo, eis o que importa. Um dia, depois que eu anunciei desconhecer a autora do blog que aos seus olhos se tornara a melhor escritora brasileira daquela semana, minha amiga me sentenciou como um caso perdido. Riu. Definitivamente, eu precisava tomar um banho de "mo-der-ni-da-de", e pelo jeito como ela pronunciou a palavra, quase o estalar de cinco chicotadas, quase cinco gotas de colírio para eu abrir os olhos, isso incluía desde trocar as cuecas da Richards até me matricular num curso de grafite embaixo do viaduto. Fiz os dois. Ela lê a *Monocle*, a *Wallpaper* e a *W*, mas vai parar de ler quando souber que eu também. Bacana.

75.

EU TENHO UMA AMIGA psicanalista que se disse divertidamente assustada quando um senhor de 70 anos entrou pela primeira vez em seu consultório, contou que tinha acabado um casamento de 40 anos e estava ali, desacostumado com a nova situação, para saber como poderia se reintegrar ao mercado erótico. Era um representante típico da Geração Viagra, bem-posto em grana, com saúde nos trinques e, agora, com disposição sexual readquirida. Minha amiga se calou por instantes porque, na vida real, fora do consultório, também acabou de encerrar um casamento aos 60 anos. Vive o mesmo drama, do lado feminino, de como se jogar de novo nos braços de alguém. Se eles estivessem num bar, diria para o resto da mesa que pagava uma rodada de chope a quem tivesse a informação. Debaixo do retrato de Freud, ela anotou, compenetrada, as primeiras frases do novo cliente. Sem dar bandeira, pediu, por favor, que ele falasse mais sobre seus desejos atuais.

76.

EU TENHO UMA AMIGA que parou uma bem--sucedida carreira em publicidade para se dedicar aos quatro filhos. Nenhuma mágoa ou sensação de perda. As crianças nasciam a cada dois anos, justo naquele momento em que a anterior já podia frequentar uma creche e deixá-la seguir sua carreira em paz. Ela suspendeu a carreira profissional, optou pelas crias. Gostava de crianças, queria uma família grande, e fez tudo consciente e combinado com o marido, com quem está casada até hoje. Dedicou-se plenamente aos filhos, com todo o estresse inerente ao cargo. De vez em quando fazia um freelancer de publicidade, algo que pudesse resolver via computador, sem deixar o lar santo lar, mas definitivamente estava focada na árdua tarefa das fraldas, das papas, das babás e das escolinhas. Sua última obra foi um casal de gêmeos. No último Dia das Mães, visitou a creche para receber as devidas homenagens. Na escolinha toda embandeirada, foi entrando até a sala dos seus filhos e viu as paredes repletas de desenhos. Procurou os de seus pimpolhos e quase caiu para trás. Cada um deles tinha feito o retrato dela com garranchos diferentes, mas na hora de passar para a professora legendar o que a mãe fazia, os meninos foram mais uma vez gêmeos na coincidência. Estava lá, embaixo do desenho, como resposta à pergunta "O que faz a sua mãe". Os dois tinham respondido "Naaaaada". Minha amiga deu um sorriso amarelo, afinal estava em público, e em casa deu uma boa chorada. Sabia que muitos anos ainda se passariam até eles reconhecerem seu efetivo esforço e trabalho, mas estava certa de que deveria continuar exclusiva e dedicada ao belo cargo de mãe.

77.

EU TENHO UMA AMIGA vítima de uma alergia contra a qual ela já tentou de tudo, desde os grãos da homeopatia até as vacinas com micro-organismos de nomes exóticos. Nada. Ela tem chorrilhos de espirros ao aspirar o pó dos livros, surge com o rosto borrado por manchas vermelhas quando come camarão, lacrimeja quando a poluição está mais forte etc. Na justa ânsia de se livrar do mal desgraçado, foi se consultar com o papa da acupuntura chinesa. O sujeito era o responsável por milagres diversos em mulheres que ela conhecia, todas experientes em reconhecer os bons médicos da cidade. As agulhadas foram espalhadas principalmente pelo rosto e na altura do pulmão. Normal. Foi submetida em seguida a uma inesperada sessão de toques, que ela encarou como uma espécie de shiatsu, todos na área em torno do púbis e da virilha. Acima de tudo queria se ver livre dos horrores das alergias — e deixou o médico trabalhar. Só achou a terapia estranha dias depois, quando desabafou com outro terapeuta e ele lhe falou que a técnica de toques em áreas tão alheias a qualquer processo era inédita na medicina, inclusive na oriental. Discreta, cheia de pudores, minha amiga silenciou. Não checou com as outras pacientes do chinês se haviam sido submetidas ao mesmo procedimento exótico. Pensou em processar o médico. Desistiu. Continua espirrando.

78.

EU TENHO UMA AMIGA que morre de rir com aqueles classificados eróticos em que as garotas de programa se identificam como "completinhas". Ela matuta maliciosa sobre o que faltaria em algumas mulheres para umas serem mais "completinhas" que as outras, e isso fazer toda a diferença do ponto de vista sexual. Quando transfere o anúncio para o mundo dos homens, minha amiga entende imediatamente um homem completinho. Já acabou, por exemplo, um namoro porque o rapaz achava Chico Buarque um chato, e isso ela não conseguia admitir. O compositor havia lhe provocado na adolescência o gosto pela poesia e foi o início de seu caminho profissional. Formou-se em Letras e em seguida publicou um livro sobre a piada nos poetas modernistas, outra de suas adorações. O namorado era competente nos deveres da cama, atencioso com as obrigações sociais, mas faltavam-lhe o beijo da poesia de Chico e todo o mundo de delícias, de conversas e sensibilidades que se segue após isso. Se não gostava de Chico, não conhecia a história da música brasileira. Faria cara de nuvem quando Oswald de Andrade passasse numa conversa. Era o que a minha amiga chamava de Ponto de Desequilíbrio, o triste momento em que o equilibrista perde o controle da situação e cai, deixando tudo às claras — trata-se apenas de mais um homem legal, infelizmente "incompletinho". Ela é uma mulher generosa, mas honra seus limites. Agradeceu os serviços prestados. Sem a música de Chico não tem solução, e fez a fila andar.

79.

EU TENHO UMA AMIGA que caiu de amores por um homem casado, um daqueles casos impossíveis, o encontro entre o jovem empresário nordestino e a bem-conservada médica do Rio. Nem o cérebro eletrônico do Facebook, sempre sugerindo amizades, pensaria em aproximá-los. Ele mantinha as aparências com a família montada em seu estado, sem coragem de abandonar 15 anos de casamento e filhos, mas, no Rio, onde sempre estava a negócios, já morava no apartamento da namorada. Minha amiga, figura de destaque em sua profissão, um dia dava uma entrevista na televisão e o câmera, num *travelling* para mostrar a decoração do apartamento, passou rapidamente, mas não o suficiente para evitar que no Nordeste todos reconhecessem os personagens, pelo porta-retratos em cima de um móvel. Era a médica abraçada com o empresário em rede nacional, uma imagem que a esposa nordestina imediatamente anexou aos autos no pedido de divórcio.

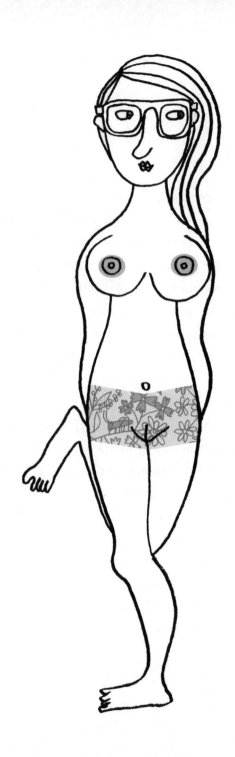

80.

EU TENHO UMA AMIGA que, na contramão da maioria das outras, não tem manicure fixa, cabeleireira e muito menos depiladora, essas profissionais que literalmente invadem a intimidade feminina. Ela prefere chegar numa clínica de depilação e entregar seu buço, meia perna, virilha cavada e o que mais for necessário aos cuidados da profissional da vez. Não tem favoritas. Tanto quanto os contornos a serem debelados de sua cabeleira escondida, considera o que lhe vai em segredo na cabeça como a grande intimidade — e não quer compartilhar nada com as próximas clientes da depiladora. Assim, silencia confissões. Não quer admitir traições, prazeres, alcovas e armários, processo inevitável de quem se envolve numa operação tão devassadora como a cena de uma mulher que higieniza as capilaridades da outra. Minha amiga entra muda, sai calada e, como não informa sequer o nome certo, sabe que seu tipo de virilha cavada não será divulgado.

81.

EU TENHO UMA AMIGA, estilista de gestos finos, craque da moda, que um dia se viu a um passo de sair no noticiário policial como fêmea fatal. Estava em sua cama recebendo pela primeira vez a visita de um antigo cortejador a quem resolvera dar uma chance. A coisa não ia bem. Ele reclamara, por exemplo, que precisava de mais sinalização do que estava acontecendo. Minha amiga estaria muito silenciosa. O rapaz definiu-se como motorista na estrada, precisava de placas dizendo ultrapasse pela esquerda, acelere, reduza a marcha, buzine etc. O pedido foi atendido e a coisa continuou, agora com mais ruído — até que, de repente, ele botou a mão no coração e, com um grito de dor, caiu da cama. Duro, no chão. Ela, em pânico, telefonou para um médico amigo, contou o drama e ele lhe pediu para não fazer nada, estava mandando uma ambulância. Foi a sorte. O amante, que precisava de sinalização para encontrar o caminho certo de amar, saiu com a sirene ligada pela cidade, desobedecendo todos os sinais. Operado com sucesso, deixou minha amiga em destaque apenas nas páginas de moda.

82.

EU TENHO UMA AMIGA que transforma as histórias da cama em verdadeiras comédias, algumas do tipo dramáticas, e alegra as reuniões quando resolve contá-las. Faz sucesso a do famoso editor que, em meio aos trabalhos sexuais práticos, todos muito organizados, como um best-seller sem criatividade, virou-se para ela e, sério, perguntou enfático se podia lhe "beijar a vulva". Em outra oportunidade, diante de um rapaz que fracassava, ela até tentou reanimá-lo, desistindo só quando já estava prestes a ter "uma câimbra na língua". Pode ser didática também. Um dia, quando um outro rapaz, do tipo apressado, já estava virando para o lado, ela o balançou pelo braço e, antes que dormisse, foi dizendo: "Não é assim que se faz, não, meu filho, mulher também goza." Pacientemente, mostrou-lhe todos os truques e, acima de tudo, os carinhos. Ele nunca mais a procurou, talvez por medo de não ter aprendido bem a lição. Um dia, ao abrir um livro do seu aprendiz, que virara escritor, minha amiga quase caiu para trás. A lição, num texto sobre as relações amorosas contemporâneas, era agradecida de público, sem nomeá-la, claro. Educada, telefonou para retribuir, e marcaram um encontro. Ela não me revelou muito. Disse apenas, com bom humor malicioso, que haviam se passado trinta anos e o rapaz não só aprendera bem a lição dela como encontrara outras ótimas professoras pelo caminho.

83.

EU TENHO UMA AMIGA que carregava com o marido a tristeza de não resolver os problemas comuns aos casamentos com mais de dez anos. Eram amigos, parceiros em viagens a países exóticos. Os raios e trovões que cercavam a cama do início da relação não conseguiam mais se fazer ver ou ouvir. Sofriam. Na busca de uma solução que os fizesse ficar juntos por mais dez anos, chegaram a uma terapia comandada pelo conceito reichiano de reinventar o corpo, explorar energias escondidas e explodir os sentidos. Era uma releitura da bioenergética dos anos 1970. Conheceram outros casais, todos às voltas com os mesmos problemas, e entregaram-se ao método terapêutico. Sessões de análise tradicional e encontros para dançar, se tocar e liberar as repressões. Infelizmente, ele um dia anunciou, não dava mais. Estava se relacionando com outra mulher e queria partir para uma nova vida. Ela não estava com ninguém, mas também já percebera: definitivamente os relâmpagos e trovoadas não cruzariam mais o céu deles dois.

Acontece, resignou-se. Não chegava a estar marcada pela dispensada que o antigo amor lhe promovia, mas resolveu confirmar uma suspeita. Perguntou quem era a pessoa. Era uma participante do grupo de bioenergética. Minha amiga acertara na mosca. Foi educada, sem se esquecer também de se mostrar soberana: "Também já comi. Gostei. Vai nessa."

84.

EU TENHO UMA AMIGA que abandonou de salto alto uma longa temporada de terapia psicanalítica. Explico. Ela não teve uma alta clássica, mas entendeu que era hora de parar com tudo diante do salto alto que, literalmente, se impôs entre ela e a terapeuta. Freud, se frequentasse salão de beleza feminino, talvez não explicasse, mas entenderia melhor o que elas querem. Se o charuto representa o membro masculino numa sessão de baixa-psicanálise, o sapato de salto alto é um ícone feminino óbvio, embute mensagens em suas curvas, em seus interiores escondidos e no estilete do salto projetado para fora. Pois foi o que aconteceu. Numa sessão sem muito assunto, minha amiga começou a falar do sapato, sua última aquisição para uma galeria de evidente contorno compulsivo que já beirava os cem pares. A psicanalista, que nos últimos encontros dava sinais de estar achando as conversas entediantes, foi tomada de súbita euforia. Levantou-se da cadeira em que até aquele momento anotava com frieza os dramas alheios e foi até o quarto contíguo, de onde reapareceu eufórica sobraçando meia dúzia de sapatos de salto alto. Tinham sido escolhidos para mostrar que também era uma devoradora deles, tanto que nenhum havia sido usado ainda. Tratava-se da pura e simples compulsão feminina, disse a psicanalista, alisando um Louboutin vermelho. Metade da psicanalisanda morreu de inveja e a outra metade morreu de raiva. Com o pagamento que recebia a cada duas sessões, a psicanalista podia comprar um par daqueles ou, quem sabe, um Manolo Blahnik. Não há mulher deprimida ou angustiada, elaborou minha amiga, em cima de uma obra de arte daquelas. Foi aí que ela preferiu se dar alta, ou melhor, se dar sapatos altos e, do mesmo jeito que a terapeuta, curar seus problemas com mais estilo. Tem andado bem.

85.

EU TENHO UMA AMIGA que uma vez por ano pegava o avião com o marido, e juntos fugiam para os recantos mais extravagantes do mundo, um roteiro entre Bora Bora, Petra, ilhas Fiji, e onde mais o bilhete deixasse o casal longe do clássico Londres-
-Paris-Nova York. Nunca estavam em casa. Cariocas, passavam os aniversários hospedados no Copacabana Palace, os dela, e no Fasano, os dele. Foram felizes por oito anos, metidos ainda em *rallies* no deserto de Atacama e mergulhos em lagos da Patagônia. Podiam reclamar de tudo, menos da rotina doméstica que assombrava outros casamentos. Separaram-se em meio a uma briga boba, mas continuaram amigos. Eram vistos almoçando juntos. Um dia, minha amiga telefonou ao ex-marido para contar que tinha passado a noite sonhando com ele. Os dois estavam comendo um folheado de queijo numa padaria do Centro do Rio, fazendo hora para uma sessão de cinema. Era uma armadilha construída por ela, mais uma tentativa de reconstruir a relação, mas isso só seria revelado

mais adiante. A cena havia acontecido de fato, mas ela sabia que o folheado de queijo ficaria entalado na garganta dele. Numa de suas últimas viagens, estiveram no Noma, em Copenhague, frequentaram o El Bulli, do Ferran Adrià, na Espanha. Ele não se conformaria de estar eternizado na memória dela junto a um folheado de queijo no balcão e reclamou com humor de como era injusto o inconsciente na seleção de suas imagens. Minha amiga disse que não era bem assim, que naquele dia tinham rido muito. Na verdade, continuou, decifrara o sonho como uma saudade dos tempos quando o riso e a felicidade lhes eram companheiros. Voltaram. Nesta segunda fase, vai entender, quase não saem de casa.

86.

EU TENHO UMA AMIGA que sempre sonhou em ter uma cama magnética e resolver seus problemas de dores na coluna, noites maldormidas e pesadelos, crimes pelos quais responsabilizava as camas tradicionais. Conseguiu comprar uma, mas foi no justo momento de sua vida em que estava vendendo um apartamento e saía em campo atrás de outro. A operação imobiliária levou um ano, pois depois de encontrar o novo apartamento precisou reformá-lo, período em que ficou com as filhas na casa dos pais. Para não levar a cama magnética de um lado para o outro, ela a deixou com o namorado. Pelo menos duas vezes por semana, desfrutava das delícias daquela nova tecnologia ligada ao bem-estar do sono. Até o sexo, sobre o qual não havia qualquer problema em outras camas, mostrava-se melhor. O rapaz também elogiava a nova qualidade do sono e dizia com dengo que gostaria que ela estivesse sobre a cama todas as outras noites da semana. Estavam juntos há um ano, sem grandes problemas. Um dia, admirando a cama comprada com tanto esforço, minha amiga observa no centro dela uma mancha. Daquelas que não deixam a menor dúvida da origem. Pesquisadora de um grande laboratório de exames médicos, sabia como recolher material suficiente da mancha. No trabalho, pediu a um colega um teste de compatibilidade genética. Eram fluidos de outra mulher. No dia seguinte, ela transportou a cama magnética na qual sonhava passar o resto de suas noites para um guarda-volumes. Vai dar como entrada na compra de um modelo mais avançado que acabou de chegar à loja.

87.

EU TENHO UMA AMIGA que esperava a qualquer momento dar o golpe final no processo de sedução há semanas movido na direção do mais belo, educado e viril funcionário do escritório onde trabalhava. As conversas iam bem-encaminhadas. Para não ser pega de surpresa por uma convocação do tipo "venha, urgente, é hoje ou nunca", e não estar preparada à altura do festejo, ela carregava no fundo da bolsa uma lingerie vermelha. Tipo *dressed to kill*. Era uma peça de alta sensualidade, mas impraticável para se usar sob a roupa de trabalho. A calcinha apertava, o sutiã sufocava os seios. Dez no quesito sexy, mas zero em conforto. Toda sexta-feira, ela colocava na bolsa o conjunto pacientemente embrulhado num envelope com um sachê de lavanda e esperava ansiosa a sinalização da sua presa — até que lhe roubaram a bolsa. Graças a um cartão de trabalho guardado nela, o homem que a encontrou — evidentemente já sem o dinheiro e o celular — telefonou. Ele conhecia o segurança da empresa e deixaria com o rapaz a bolsa. Minha amiga topou. Pediu apenas que, antes de entregar, jogasse fora a calcinha e o sutiã vermelhos. Eram informações óbvias demais de que havia um crime em planejamento — e o segurança, de posse de provas tão sensacionais, com certeza faria circulá--las por todos os escritórios da empresa.

88.

EU TENHO UMA AMIGA que ganhou do namorado uma massagem tântrica. Não que ele tenha feito nela uma massagem do tipo, capaz de prolongar o prazer do sexo por muitas horas. Pelo contrário. Trata-se de um rapaz farto em presentes, e também em convites para viagens, mas pouco generoso, tipo econômico, nas dádivas da cama. Ele tinha ouvido falar nas maravilhas do tântrico e foi aí que resolveu dar um *voucher* para a namorada ir até a clínica especializada receber os serviços. Elegantemente, evitou detalhes das cifras. O preço era caro, mas tinha ouvido falar que se recebia em prazer cada tostão empregado — e, amoroso, embora sem perspicácia erótica, fez a oferta. O namoro, que capengava, acabou aí. Durante uma hora e meia, ela foi submetida às mais incríveis massagens, feitas por uma fisioterapeuta. Nenhum vestígio de pornografia. Eram concentradas ao redor, e por cima, e por dentro de todas as áreas erógenas. Minha amiga passou o resto da semana como se levitasse, e na primeira transa que teve com o namorado, seu grau de frustração aumentou. Propôs que ele a assistisse numa nova massagem, para se aprofundar nos toques deflagradores do misterioso prazer feminino. Ele não aceitou. Machista, achou-se diminuído — e preferiu terminar o namoro. Sem parecer irônica, ela ainda conseguiu agradecer pelo presente tântrico. E, enquanto outro namorado não aparece, já marcou nova massagem.

89.

EU TENHO UMA AMIGA, melhor dizendo, eu tenho três amigas que desprezaram propostas de casamento para não repetir um grande trauma de relações anteriores. Elas morriam de medo do Jantar do Marido. Havia questões gastronômicas — uma comia frango em todas as refeições, prato que o pretendente sequer podia ver —, mas o pânico era mais profundo. Mulheres, em casa, praticamente não jantam. Uma delas, de vez em quando, comia uma sopa. Sabiam, pelos casamentos anteriores, que o ritual do Jantar do Marido começava de manhã, com as ordens para a empregada, a necessidade de deixar o dinheiro, de bolar um cardápio original. Era um suplício. As três amavam seus pretendentes, mas sabiam o potencial de estresse daquela cerimônia dos acasalados. Homens chegam cansados, querem seus pratos preferidos e de preferência já na mesa, a custo zero de serviço. Minhas amigas pediram que a relação continuasse como estava. Cada um na sua e cuidando das suas refeições ou não refeições, sem abrir brechas para os conflitos. Agradeceram. Preferiam continuar com o status de namoradas. Bem-humoradas, acham que todos os encontros amorosos começam com o príncipe convidando a amada para jantares em bons restaurantes. No casamento, eles apresentam a conta.

90.

EU TENHO UMA AMIGA que manda e desmanda nos destinos humanos, uma executiva do mercado publicitário. Ela passa o dia conjugando os verbos na forma imperativa, sem o cuidado sequer de um "por favor" ao final das frases, que são sempre curtas, apenas com os elementos necessários para o funcionário sair em campo. Um dia, começou a namorar um sujeito tão poderoso quanto, do mesmo meio de comunicação dela. Não foram felizes. Ela tentava se fazer mulherzinha, usar as palavras no diminutivo para tornar a frase cor-de-rosa. Buscava um equilíbrio, que o rapaz jamais pedira, entre o rigor do escritório e o afeto da cama, entre o "não" da autoridade e o "sim" da princesa. Quando estava com o namorado, tudo era fofinho, amorzinho, jantarzinho. O rapaz congelou. Ela acredita que a gota d'água foi no dia em que abriu o jogo. "Acho que estou apaixonadinha", disse. Ele nunca mais apareceu.

91.

EU TENHO UMA AMIGA que foi engordando, engordando, e, quando percebeu, o marido, com quem habitava há trinta anos, estava batendo a porta, rumo à nova vida com uma adolescente de 20, redonda apenas nos lugares certos. A história de sempre. Ela havia desistido, ele foi cruel em descartá-la. Ela o considerava morto, ele foi vivo demais. Não há bandidos e mocinhos no duelo amoroso. Minha amiga chorou dentro de casa algumas semanas, depois entrou numa academia de ginástica, emagreceu o que precisava. Não se queixa. Aprendeu. Diz que se fosse ele teria feito com mais doçura, mas não seria muito diferente.

92.

EU TENHO UMA AMIGA coroada várias vezes em concursos de seios mais bonitos do Rio de Janeiro, mas ela pede, por favor, que eu me esqueça disso, que todos se esqueçam disso por instantes e ouçam como ela transita íntima entre os deuses gregos. Semana passada, ela me mandou um e-mail dizendo que, assim como Prometeu, os abutres da caretice contemporânea devoram seu corpo, mente e alma, todos os dias. É culta, embora os homens insistam em só olhar para baixo. Cita Afrodite, Hefesto, Psiqué e o Deus Fatum, mas ninguém lê. Sente-se discriminada, vítima dos contornos lindos com que Ele a desenhou. Reclama que algumas de suas virtudes, como a beleza e o culto ao prazer, são vistas com a grandiloquência de um vício. Eu digo apenas, bobagem, meu bem. Eu repito, despeito, querida. Às vezes ela se amansa. Nem sempre.

93.

EU TENHO UMA AMIGA inscrita no Orkut, no Facebook, no Twitter, em todos esses garimpos da solidão feminina. Sempre que os questionários pedem um perfil da associada, ela se socorre dos versos de Manuel Bandeira, aqueles em que o namorado diz "Antônia, você parece uma lagarta listada", e Antônia arregala os olhos, faz exclamações, até o rapaz concluir: "Antônia, você é engraçada, você parece louca." Eu tenho essa amiga que não se chama Antônia, mas se acha a própria. Ela frequenta festas a fantasia sempre de lagarta listada, sempre disposta a ser feliz como a poesia de Bandeira e sempre disposta a carregar, ao fim das danças, o objeto de seu desejo para o cafofo que o pai lhe deu no Jardim Botânico. Já abrigou um namorado que encontrou num kibutz em Israel, já se fez de enfermeira e cuidou de um dependente de crack. Totalmente lagarta listada, um dia passou um torpedo de celular para o senhor fantasiado de cigarro que encontrara numa das festas: "Estou na academia cuidando do corpitcho para você se aproveitar dele por mais 50 anos" — e, movida a poesias absurdas, abandonou-o no dia seguinte. Semana passada, ela estava na TV apresentando o programa de loteria esportiva que a sustenta e deixa infeliz. Tinha tirado uma pinta no canto direito da boca, mas mantivera os cabelos encaracolados, meio louros, meio castanhos, meio *balayage*, naquela confusão de listas que identifica a poesia das mais lindas e loucas lagartas.

94.

EU TENHO UMA AMIGA que um dia atendeu ao telefone e do outro lado da linha era uma famosa atriz das novelas pedindo para ela se afastar imediatamente de fulano, pois o tal era seu namorado há meses. Minha amiga, a mais pacata e elegante de todas, pediu apenas um tempo para acertar a maquiagem e ir ao encontro da inesperada rival. Desconhecia por completo que a outra tinha a titularidade anterior do cafajeste. Conversaram muito, choraram um pouco. Mostraram-se fotos do último Carnaval e constataram que ele alternava os blocos para ficar no Simpatia com uma e no Bola com outra. Confrontaram declarações de amor, performances sexuais, e perceberam. O que era jogado na orelha de uma no dia seguinte reverberava igual na cama da outra. Definitivamente, o sujeito não merecia que elas se puxassem o cabelo no meio da rua e foi o que disseram a ele, ao mesmo tempo, numa reunião telefônica de viva voz. Sublinharam com gargalhadas os fracassos e patetices do traíra. Pior. Colocaram o áudio no

YouTube, com a delicadeza de não identificar o canalha. Riem até hoje do espanto dele. Minha amiga e a atriz de vez em quando ainda se encontram para um café. Comentam principalmente os novos namorados, que nunca mais coincidiram.

95.

EU TENHO UMA AMIGA que dá a sensação de estar se divertindo mais do que todo o resto de sua geração e não aguenta ter sua obra artística, uma incandescente coleção de quadrinhos eróticos, novamente confundida com o que vai em sua vida real. Os desenhos são apimentados, corpos nus em cornucópias delirantes, mas ela se define pessoalmente de índole careta. Não fez metade do que desenha, e agora quer a paz do amor tranquilo com o marido e as duas filhas. Seus amigos cantores recebem convites para festas em que o máximo de mal-entendido é quando lhes pedem para levar o violão. Minha amiga, além de retratar suas cenas de orgia com um realismo só possível a quem esteve lá, contribui para a confusão com o fato de ser bonita — e já lhe pediram que fosse às festas com os brinquedos de plástico de seus personagens. Desconversa. Perdeu a conta de casais que sussurram ao seu ouvido festas nitidamente organizadas depois da leitura do que desenhou — e sente orgulho de ter transformado sua imaginação em algo tão verossímil.

96.

EU TENHO UMA AMIGA, talvez a mais desconfiada de todas, capaz de ver em qualquer meia hora de atraso do namorado a pista evidente de uma traição em curso. No entanto, ela calça todas suas decisões com uma ida preliminar à cartomante. Acredita no sobrenatural. Ela vai dizer que não é exatamente uma cartomante, como as Mães Valérias que prometem trazer o amor depois de amanhã. Minha amiga, que na vida real é advogada, regida pelas leis dos homens, consulta-se com uma espécie de "psicartomante". Trata-se de uma pós-bruxa formada em psicologia na PUC e dona de um caldeirão onde, sem preconceito, mistura I Ching, borra de café, Freud, cartas do tarô e mapa astral feito no computador. Minha amiga queda-se crédula diante das promessas de um grande amor ou de um grande negócio anunciados na numerologia, outra técnica da sua gurua, uma loura de roupas grifadas, sem qualquer aproximação visual com as ciganas de verruga na ponta do nariz. A quem lhe cobra coerência e revela pasmo com tamanha crença no imponderável, ela informa também ser adepta do Feng Shui para harmonizar a casa, sentir o fluxo menstrual regido pelas marés e ter o crescimento dos cabelos segundo o desenho da Lua. Mulheres são mágicas, diz, e lamenta a resistência dos homens em ler *Harry Potter*. Está em busca de um *Senhor dos Anéis*. Para ser bem-sucedida na missão, acolhe mais um pedido da psicartomante: energiza-se de biquíni todos os dias embaixo de uma pirâmide.

97.

EU TENHO UMA AMIGA expert em colar rótulos nos personagens da sua vida. Encontrou um sujeito que lhe ouvia os queixumes com toda a paciência, telefonava na manhã seguinte, reparava que ela tinha cortado o cabelo, abria as portas, um gentleman ao velho estilo — até que um dia, saciados os prazeres, ele se foi sem um adeus sequer. Era, ela rotulou, o Novo Cafa. Outro que lhe aconteceu foi um deprimido. Ele não sabia se caía dentro matando a pau, se jogava tudo para o alto e mudava a vida de prumo para encarar, vento batendo de frente, uma nova relação com ela. O cara fugia da raia, mas não abria o jogo. Não necessariamente traía, não necessariamente queria ir embora, não necessariamente fazia questão de ser necessário. Se fosse um sinal gráfico de pontuação, ele seria uma linha com pontinhos de reticências. Um dia, antes de espaná-lo do apartamento, minha amiga apelidou-o com crueldade certeira. Era o Homem Dodói.

98.

EU TENHO UMA AMIGA que no meio do almoço me contou ter mudado as próteses de silicone dos seios. Eles agora não eram mais arredondados, mas do tipo bicudos, daqueles que espetavam a camiseta e davam a sensação de serem maiores ainda, embora o médico não tivesse mexido na carga de 100 mililitros. Eu suspeitei do que viria em seguida. Três anos antes, ela me pedira a gentileza de testar com olhos e mãos machas como estava o visual e a textura da nova obra. Fi-lo, com a falsa frieza médica que puxei da memória de uma antiga feira de ciências frequentada nos bancos ginasiais. Apalpei-os como se estivesse lendo Carlos Zéfiro em braile. Elogiei a consistência natural, o contorno equilibrado, e assim dei por cumprida a missão. Quando ela me anunciou a nova versão das próteses, achei que seria escalado para novo teste. Fiz o fino. Esperei. Minha amiga, sorrindo, lembrou meu constrangimento da outra vez, quando ela ansiava pela avaliação masculina, mas estava sem namorado. Desta vez, ironizou, seria poupado do teste. Eu disse que era uma pena, mas pelo desenho imaginava que sem dúvida tinham sido aprovados. Ela riu e acrescentou um sorridente "com méritos".

99.

EU TENHO UMA AMIGA a quem nunca vi mais gorda, a quem nunca beijei as mãos mais magras, uma personagem desse tipo tão em moda da amizade digital. Ela me acompanha no Facebook, no Orkut e no Twitter. Jamais me apertou a campainha da porta. Tenho certeza de que seu rosto vai me acompanhar na rede social a ser inaugurada nos próximos dias e continuaremos assim, sem invasão de condomínio, uma amizade on-line, ela em São José dos Campos, onde é dona de uma videolocadora, e eu no Rio, onde escrevo notícias da cidade no jornal da capital. De acordo com o que publico sobre a vida alheia, ela tenta decifrar com bom humor o que vai na minha própria alma. Se briguei com a namorada, se estou gripado ou preciso de uma massagem na batata da perna. De vez em quando, acerta, em outras tantas, erra, o que é natural em qualquer amizade. Seguimos em frente sem ansiedades, zero de cobranças, nesse exercício novo de ler o amigo distante pela impressão da sua borra digital. Nada de brigas ou ciúmes. Quando preciso de silêncio, clico a seta e fico no modo invisível.

100.

EU TENHO UMA AMIGA feliz proprietária de dois gatos e um namorado alérgico. Ele é um verdadeiro cachorrinho jogado aos pés da amada, a quem louva a beleza e a capacidade de puxar conversa bem-humorada a partir de qualquer capítulo de novela — mas tudo que gostaria mesmo era espirrar menos quando estivesse no apartamento. Culpa os gatos, os pelos que sente no ar assim que ela abre a porta e, já no primeiro beijo, provocam o primeiro espirro. O rapaz quer casar, quer morar junto, mas sabe que a saúde vai espirrar sofrimento. Minha amiga não abre mão dos gatos, os filhos que não pretende ter — e era assim que estava a conversa até o encerramento desta edição.

Conheça mais sobre nossos livros e autores no site
www.objetiva.com.br
Disque-Objetiva: (21) 2233-1388

Impressão e Acabamento:
Geográfica